はしりにわの意匠《いしょう》
（とおりにわ＝みせにわ＋はしりにわ）

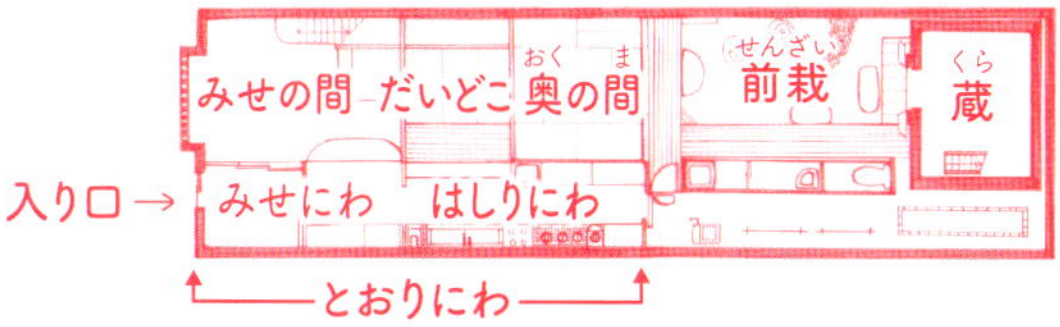

「とおりにわ」は表から裏口《うらぐち》まで続く土間《どま》のこと。表側の「みせにわ」と、流しがあるプライベートな空間の「はしりにわ」とに分かれ、「はしりにわ」は吹《ふ》き抜《ぬ》けで梁《はり》が見え、おくどさん（かまど）、井戸《いど》、水屋《みずや》（作りつけの食器棚《しょっきだな》）などがあります。
ここは、「火袋《ひぶくろ》」とよばれる吹《ふ》き抜《ぬ》けになっていて、奥《おく》行《ゆ》きのある町家の、風の通り道でもあります。

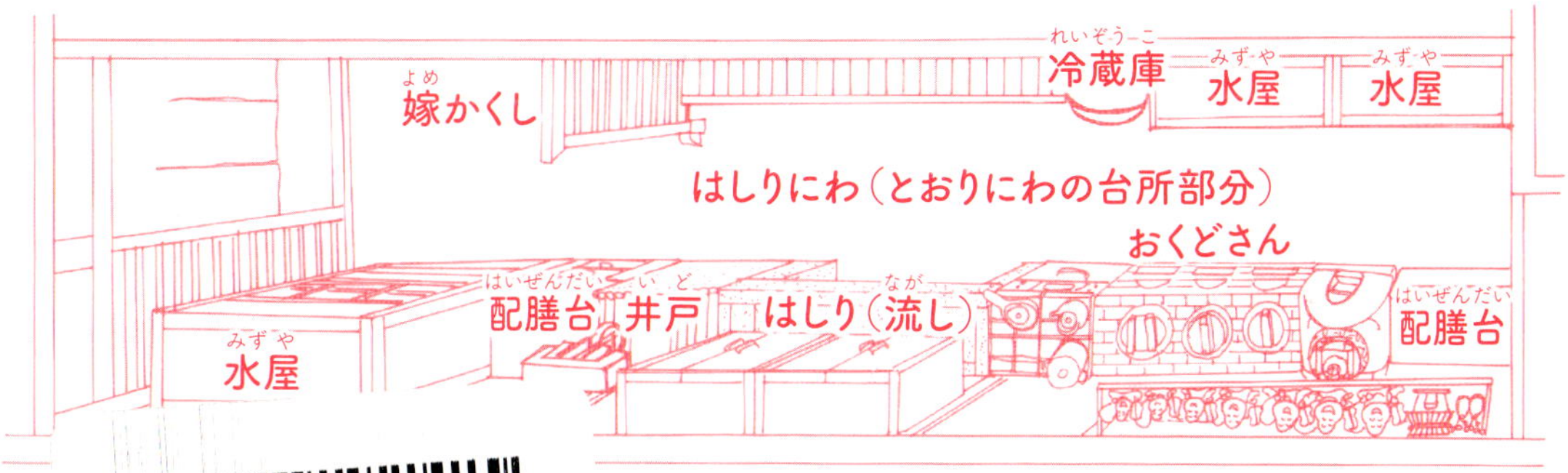

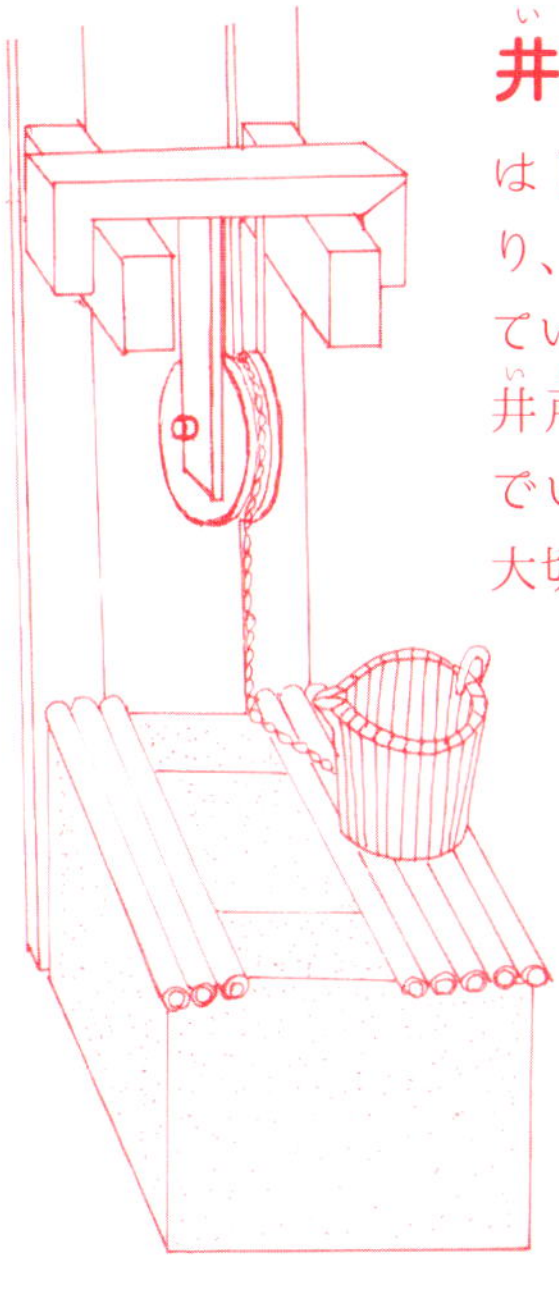

井戸《いど》

はしりにわには井戸《いど》があり、飲み水としても使われています。
井戸《いど》には水神さんが住んでいると言われていて、大切に扱《あつか》われています。

嫁《よめ》かくし

はしりにわの入り口付近に立つ衝立《ついたて》。はしりの前にあることが多いです。
ここから先はプライベートなので入ってこないでね、と言うしるしにもなっています。

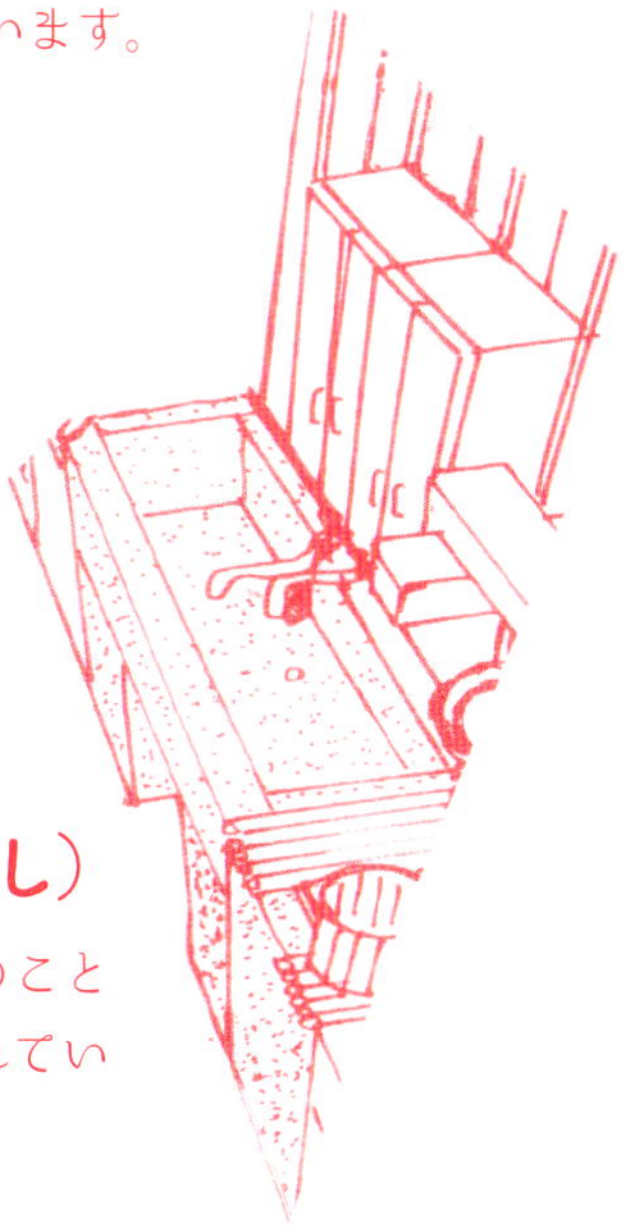

はしり（流《なが》し）

はしり（流《なが》し）はシンクのことで、人造石研出《じんぞうせきとぎだ》しで作られていることが多いです。
水作業はここでします。

福ねこ お豆の
なるほど京暮らし

kyo-gurashi

推薦のことば

多くの人に喜ばれた「町家えほん」につづいての第2作「京暮らし」は京に生きている日々のたしなみを楽しげなイラストをそえてわかりやすく、ていねいに書きつらねている。

それは目には見えない神の加護に感謝しながら、一銭をも無駄にすることなく生かしきる、京都本来の生活を知らしめてくれる。

これが「金のなる木」なのかもしれない。根には、しょうじ木（正直）、慈悲ふか木（深き）、よろず（万事）ほどのよい木。

現今の消費生活を見直し、質素倹約の奥義の先にある豊かな毎日へいざなってくれる「京暮らし」が皆々様に愛読されることを願っている。

「虫籠窓《むしこまど》」の京町家は今では一般的ではなく、定寸に軒を高くガラス窓を多用しているのが現在の町家。間取りは旧来どおりが原則で、住まいも時代に合わせて変化させ、そこで本当の京暮らしを生かしたく想う。

平成30年11月吉日
公益財団法人 祇園祭山鉾連合会
顧問　吉田孝次郎

本書は、京都新聞朝刊に連載された『福ねこ お豆のなるほど京暮らし』（２０１５年10月15日～２０１８年3月15日、全88回）を再編集し、新たに12話を追加して1冊にまとめたものです。

なるほど京暮《ぐ》らし、はじめますぇ〜

はじめまして
福ねことお豆です
えびす小路でカフェ桜《さくら》を
いっしょにやってます

これからお世話になりますぇ

福ねこさん
これから
どんなこと
描《か》きますの？

そやなぁ、京都ならではの
行事や、昔から伝わることや、
町家の豆知識《ちしき》なんかを描《か》いて
いこ思うてますねん

京都の行事

町家豆知識《ちしき》

そやけど、
うちらだけでは
心もとないなぁ〜…

お豆さん、そんなに心配せん
でも心強い助っ人がいてくれ
てはりますぇ

京町家建築家　松井 薫さん

代々京町家の棟梁《とうりょう》のおうちの田中 昇さん

おおきに〜
うれしおす〜

えびす小路の
昔ながらの生活を
描《か》いていきますし、
ご近所さんもぎょうさん
出てきはります
よろしゅうおたのもうします

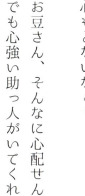

福ねこ お豆の なるほど京暮らし

町家の間取り

1階

2階

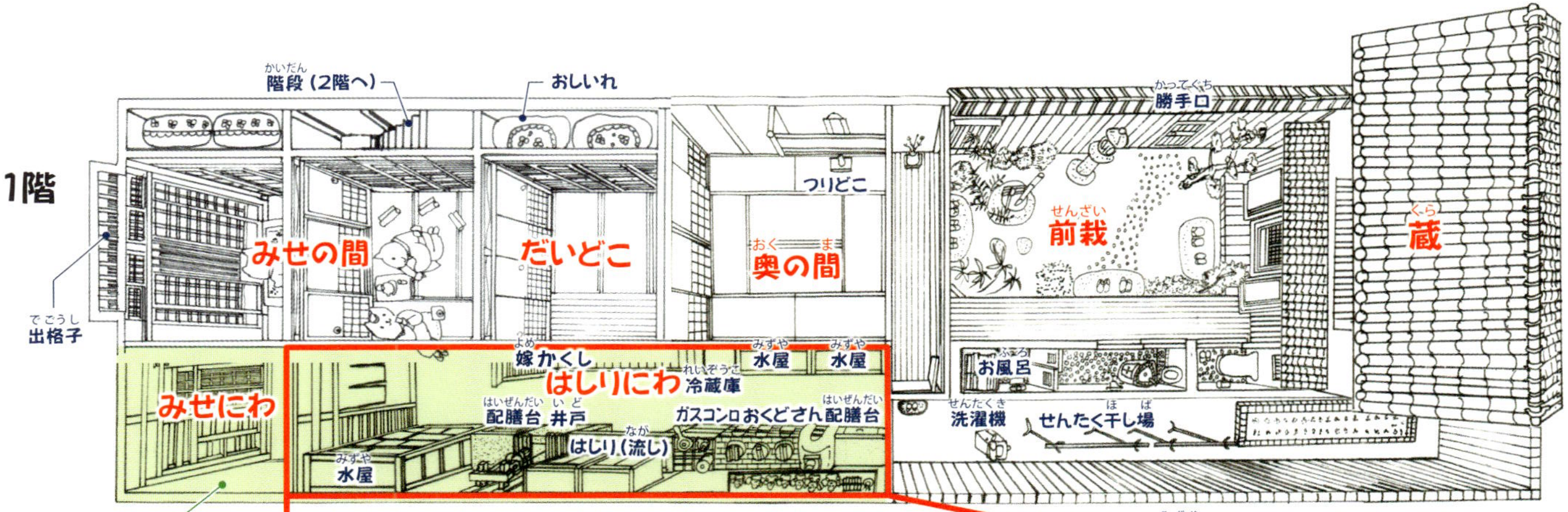

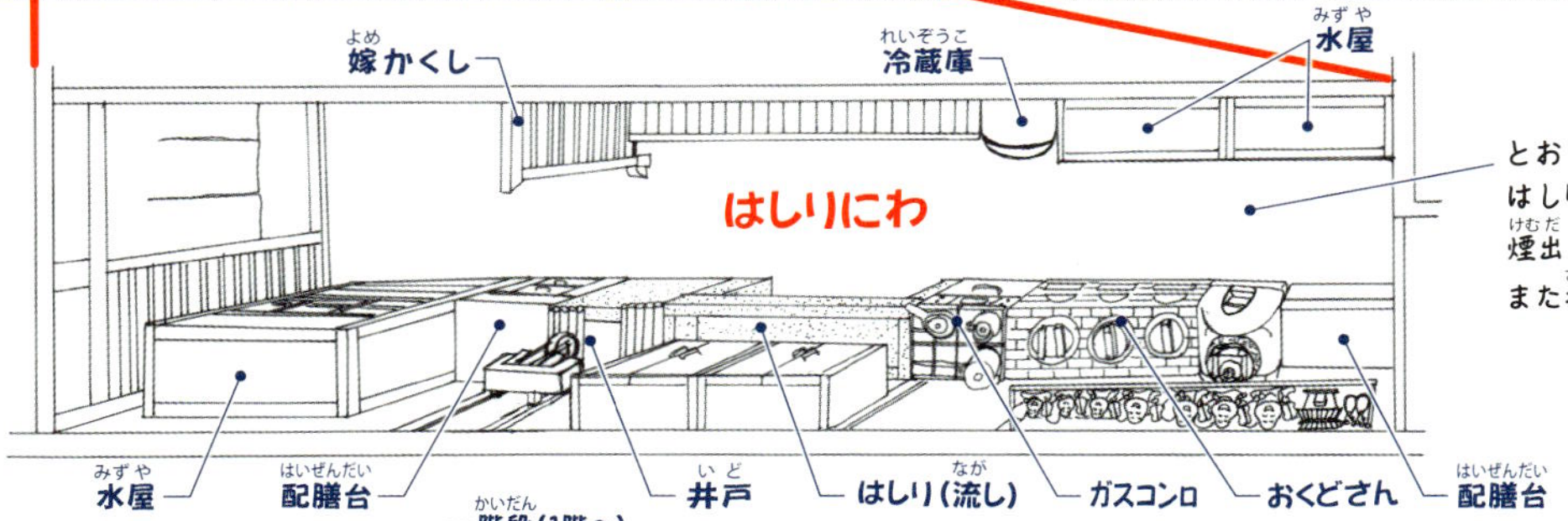

とおりにわの台所部分。
はしりにわは吹き抜けになっており、
煙出《けむだ》しの天窓《てんまど》が設《もう》けられています。
また採光《さいこう》の目的もあります。

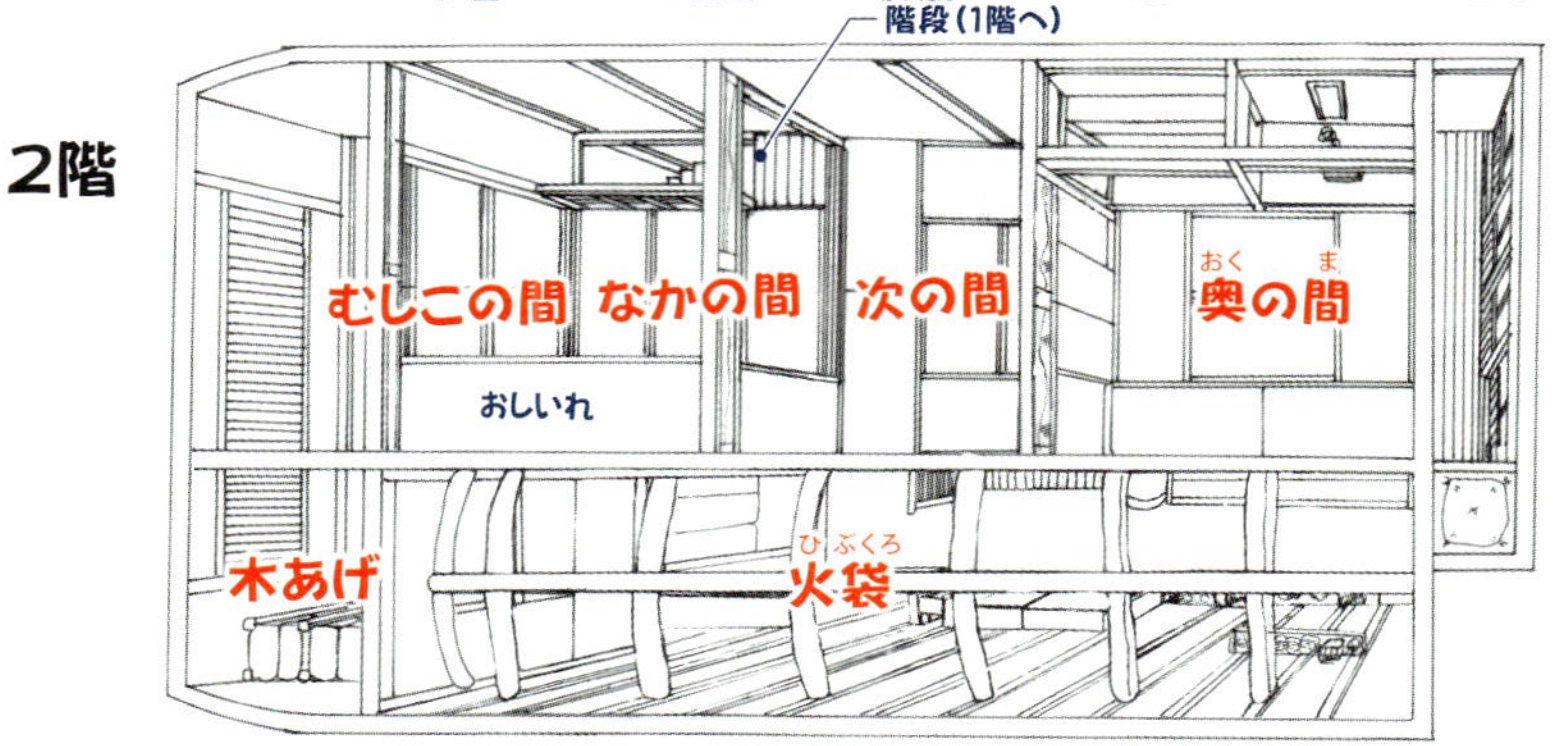

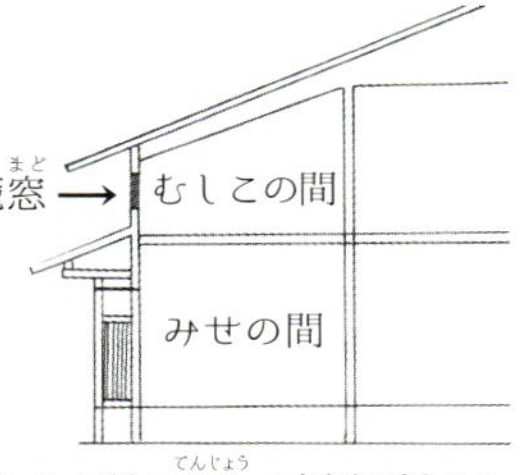

むしこの間の天井《てんじょう》は表側が低くなっています

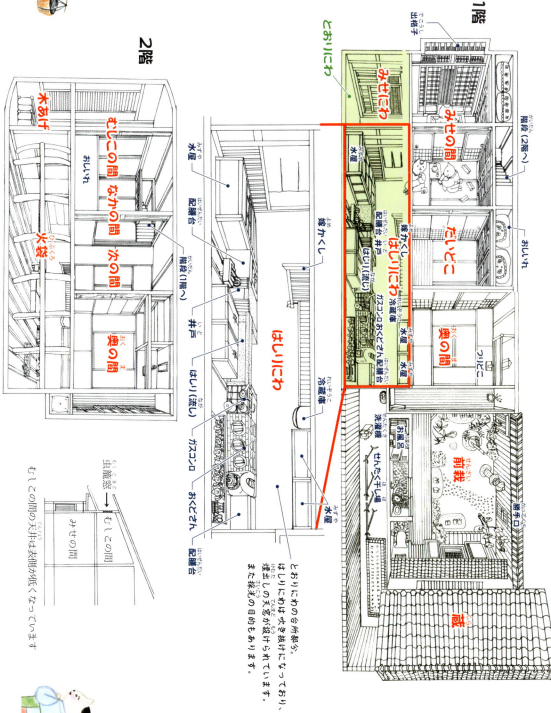

目次

第2部　京のくらしとちえ

第3部 行事あれこれ

番外編

第1部　町家について

千年の経験《けいけん》が作り出した家、町家

福ねこさん、町家ってどんなおうちですの？

町家はおもてでお商売をして、奥《おく》で暮《く》らす、町の中にあるおうちのことをいうんですぇ

そして、千年の知恵《ちえ》がつまってる家なんやて～

例えば地震《じしん》が来ても、土台の柱はひとつ石に乗ってるだけやから、はねたり、すべったりしてうまく力を逃《に》がすんやって～

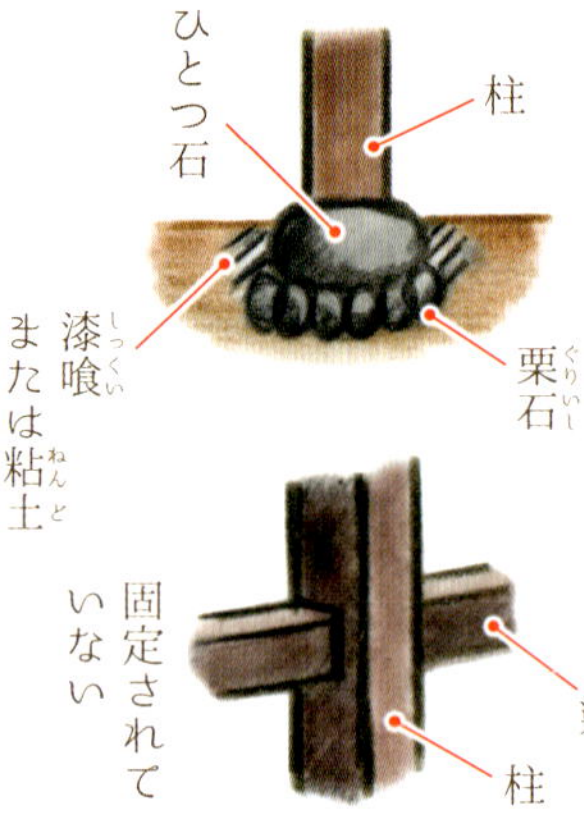
柱
ひとつ石
漆喰《しっくい》
または粘土《ねんど》
栗石《ぐりいし》
固定されていない
梁《はり》
柱

柱と梁《はり》も固定されてへんから、揺《ゆ》れながら力を逃《に》がすのぇ

免震構造《めんしんこうぞう》の知恵《ちえ》がつまってますねんなぁ

そして、もし災害《さいがい》になっても、家の井戸《いど》を使って、おくどさんで火をたいて、生活できますぇ

それに、家の中に「前栽《せんざい》」と呼《よ》ばれる庭があって、自然を感じながら生活できるのがうれしおすなぁ

ほんま、いろんな知恵《ちえ》がつまってるおうちなんやねぇ

町家は「おいえ」と「にわ」に分かれていますぇ

前栽《せんざい》のもみじが色づいて
きれいやなぁ

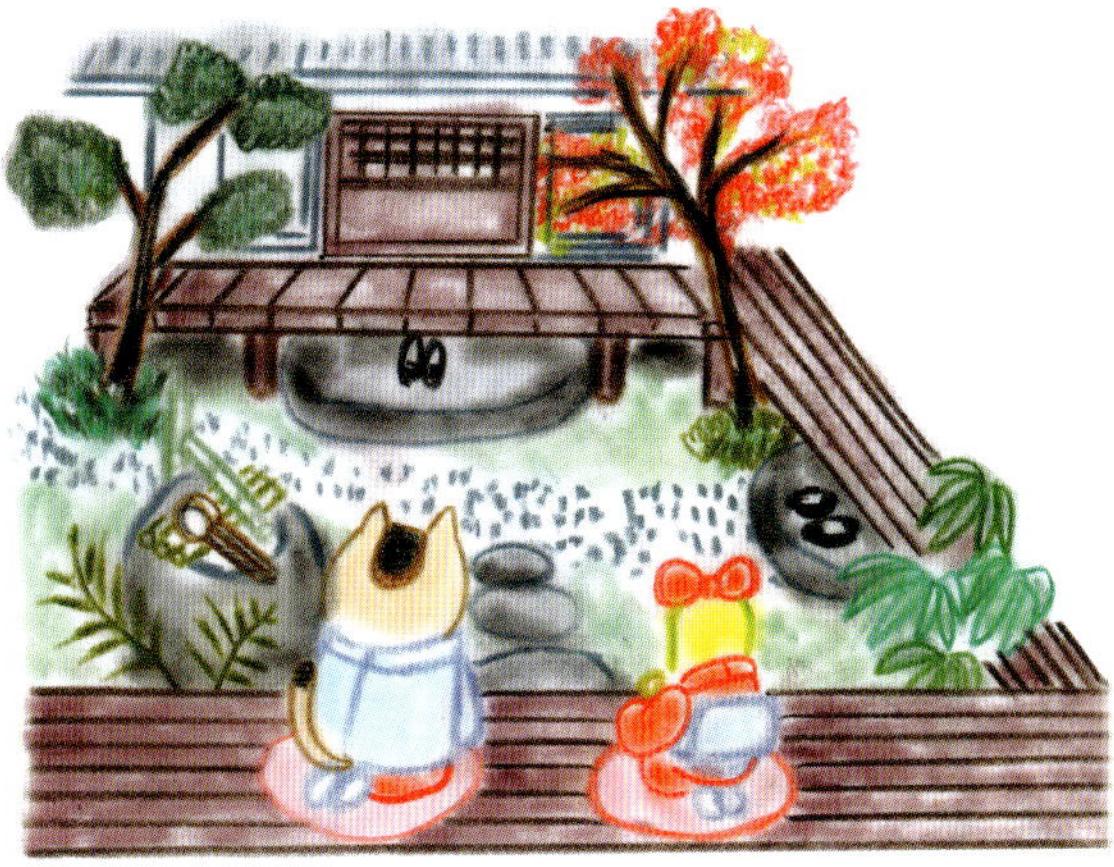

ほんまに～
そうそう、前栽《せんざい》って奥《おく》の間《ま》の
前の庭っていう意味なんやて

町家って、「はしりにわ」と
か「とおりにわ」って言いま
すやろ、なんや「庭」と
まぎらわしおすなぁ～

町家で使われる「にわ」は
何かをする特定の「場」と
いう意味なんやそうやで

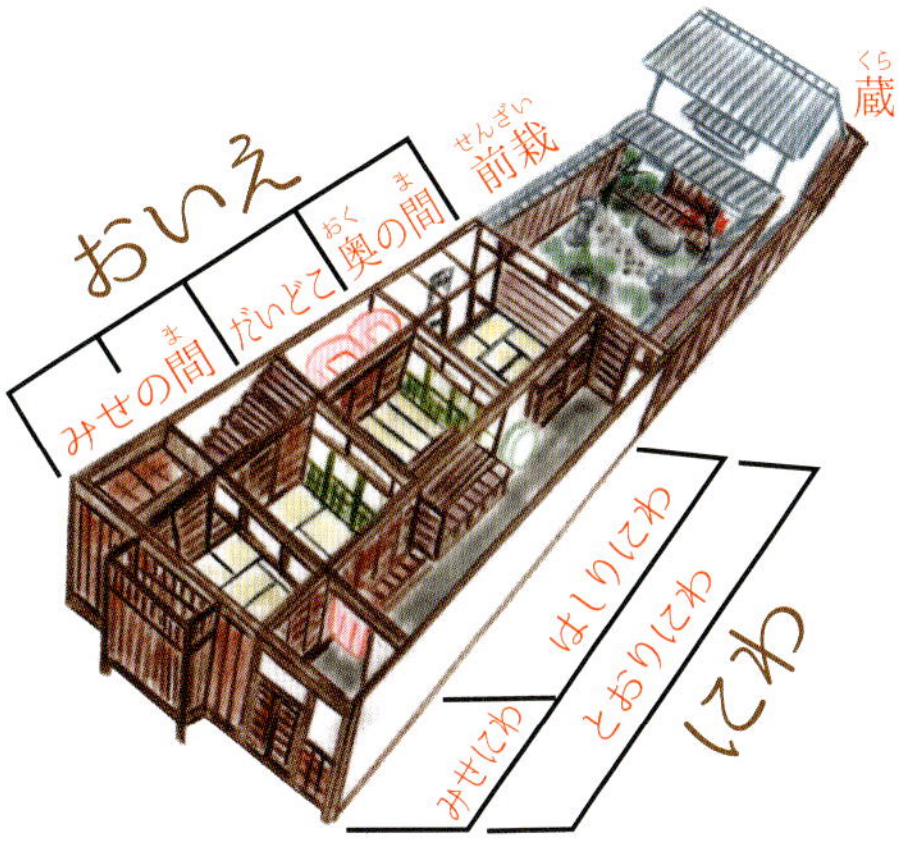

町家は大きく「おいえ」と
「にわ」に分かれていて、
「部屋」がおいえで、
「土間《どま》」がにわですのぇ

「にわ」は家の中でも
いろんな人が
入って来はるし、
半分外のような場所ですなぁ

その中でも、
吹《ふ》き抜《ぬ》けになってる
はしりにわの上は、
開放感があって、
気持ちがすぅ～っとして
大好きな場所ですぇ～

町家にかくれてる動物たち

前栽《せんざい》にはいろんな生き物が来ますぇ
みいさまは家の守り神さんやし〜

それに、町家の建物にはいろんな動物がかくれていますのぇ
家の外には……

駒寄《こまよ》せ
（駒《こま》は馬のこと）

家の中には……

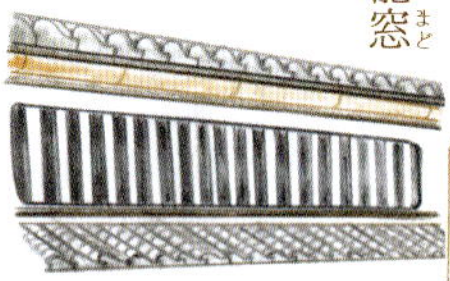
虫籠窓《むしこまど》

虫籠《むしかご》

犬矢来《いぬやらい》

猿《さる》の顔形に似《に》ている天井《てんじょう》の部材の猿頬面《さるぼおめん》

床《とこ》の間《ま》の狆《ちん》くぐり

ちん

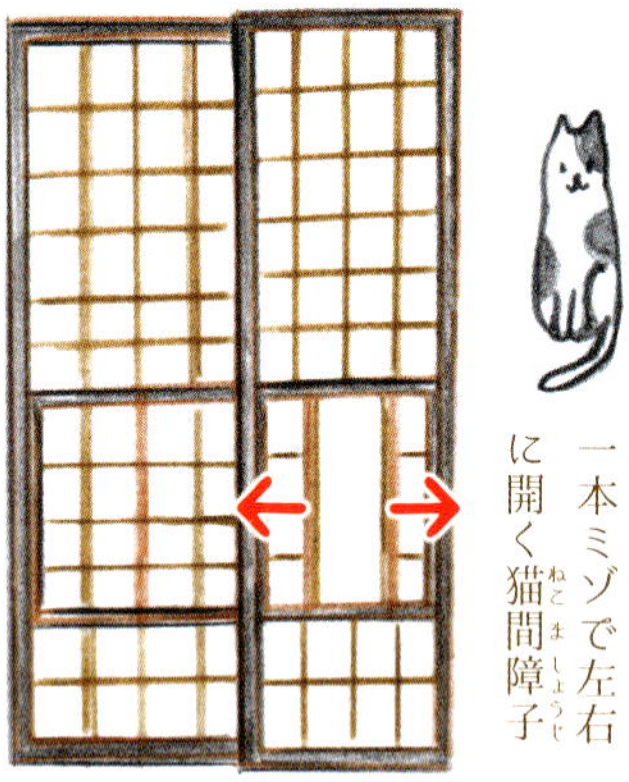
猫が一直線上を歩くというので、一本ミゾで左右に開く猫間障子《ねこましょうじ》

敷居《しきい》はもともと「鴫居《しぎい》」だったらしく、鴨居《かもい》と鴫居《しぎい》は「鴨《かも》」と「鴫《しぎ》」が居《い》ると書きますやろ
これは、水鳥たちが家を火事から守ってくれるようにつくられた名前なんやて

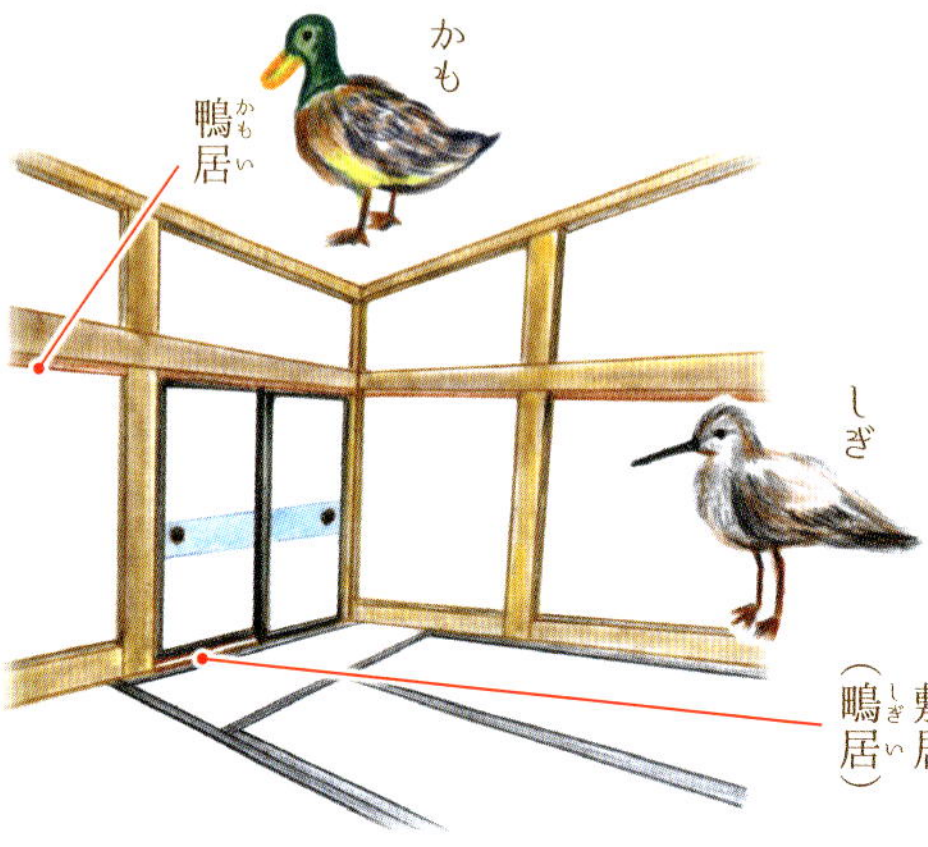

いろんな動物の名前がかくれてる町家は、自然とつながってるおうちなんやねぇ

暗黙《あんもく》の了解《りょうかい》のサイン

玄関《げんかん》はもともと「玄妙《げんみょう》な道に入る関門《かんもん》」という言葉が起源《きげん》で、「奥深《おくぶか》くすぐれている悟《さと》りへの入り口」という意味なんやて

なんか
すごおすなぁ～

おもてでお商売をする町家は、玄関《げんかん》を入ると「みせにわ」という土間《どま》で、みせにわの奥《おく》にかかるのれんは「はしりにわ」の入り口で、「ここから先はちょっとご遠慮《えんりょ》くださいませ」という意味もありますぇ

はしりにわを少し入ると「嫁《よめ》かくし」という衝立《ついたて》があって、うちうちの用事の人やご用聞《ようき》きさんはそこで立ち止まって家の人に声をかけるサインのような役割《やくわり》をしています

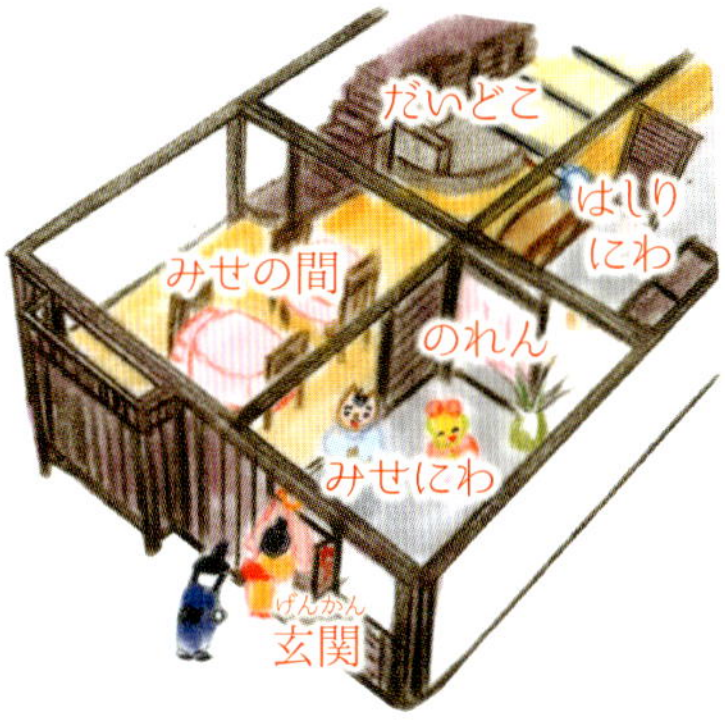
だいどこ
はしりにわ
みせの間
のれん
みせにわ
玄関《げんかん》

嫁《よめ》かくし
嫁《よめ》かくし

のれんや嫁《よめ》かくしはおたがいさんが暗黙《あんもく》の了解《りょうかい》で気持ちよく暮《く》らす町家の工夫なんやねぇ

「悟《さと》りへの入り口」の玄関《げんかん》から先は知恵《ちえ》の宝庫《ほうこ》みたいやなぁ

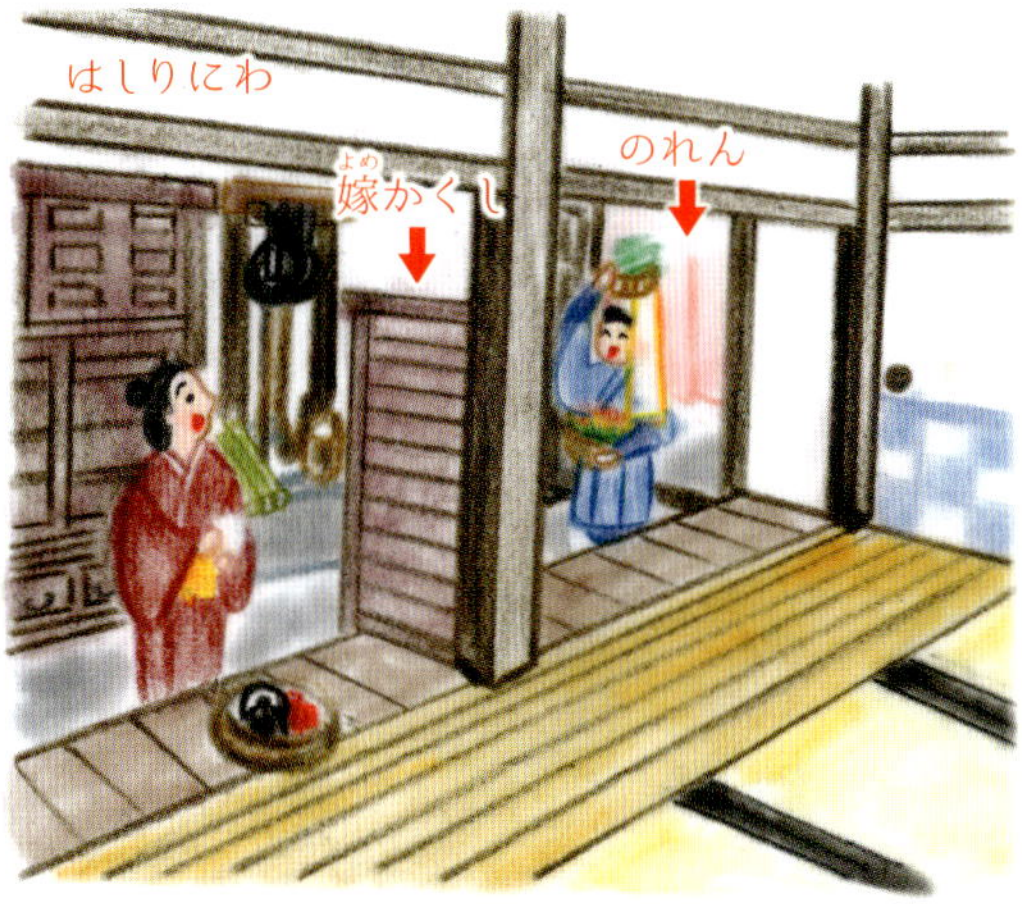
はしりにわ
嫁《よめ》かくし
のれん

町家が細長くなったわけは…

京都の町家でおもてから奥《おく》まで60メートルもあるおうちもあるなぁ

ほんま、うなぎの寝床《ねどこ》やね～

平安京を作った時の町割《まちわ》りが約１２０メートル四方やったのが基本《きほん》になってるんやで

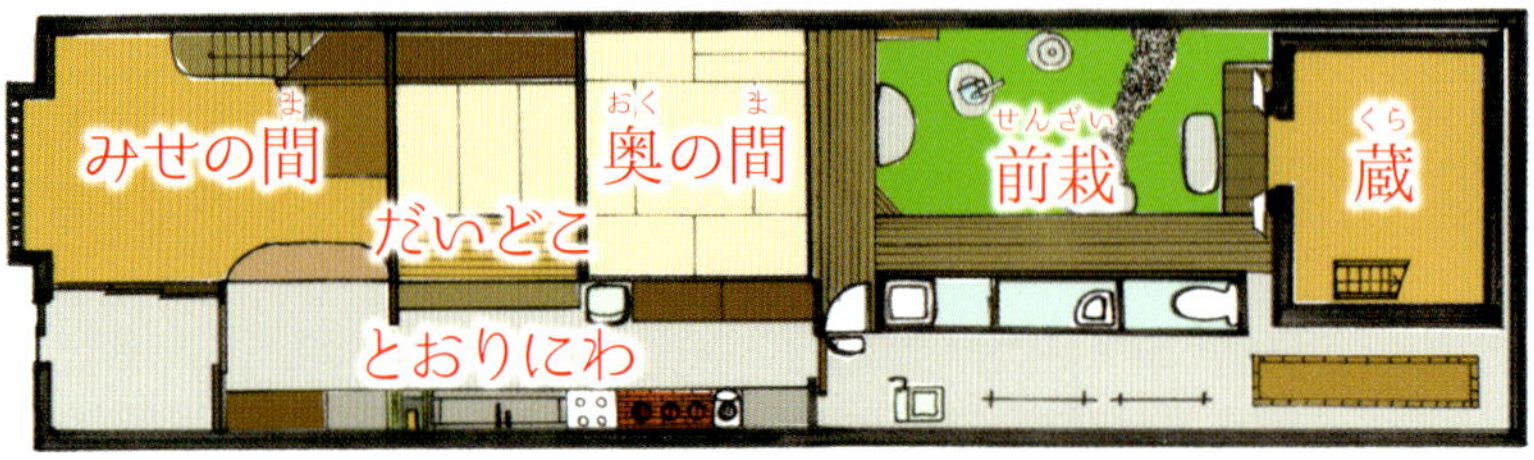

最初は周りに家を建てて、真ん中は空き地にして、井戸《いど》のある社交場になってたらしいぇ

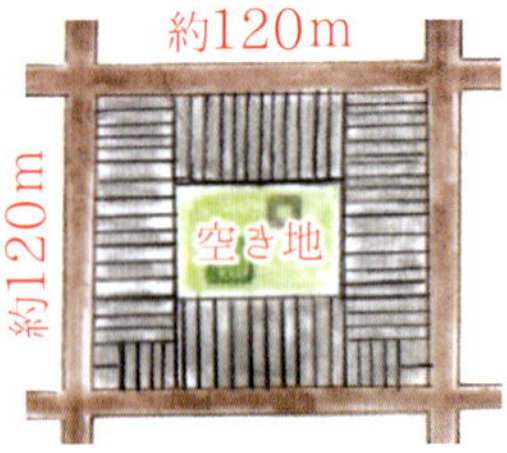

豊臣秀吉《とよとみひでよし》の時に区画の真ん中に南北の道がつくられて、空き地がなくなったそうやで短冊状《たんざくじょう》の家が道に面してたくさん建てられて、人口が３万から10万に増えたんやで家は奥行《おくゆ》き30メートルほどになり、鉾町《ほこまち》では60メートルの家もたまにお見かけしますなぁ

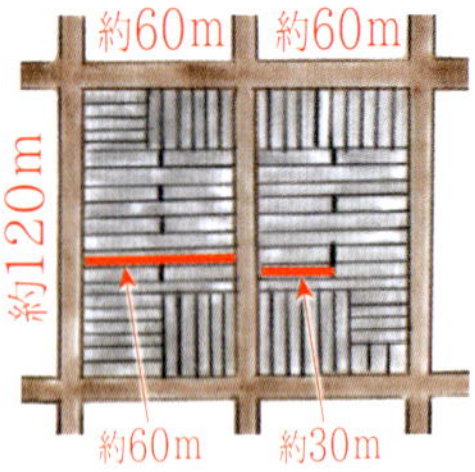

町家はおもてでお商売するさかいに道に面してなぁかんしなぁ

たくさん建てるため、間口《まぐち》がせまくなり細長くなったんやねぇ

お豆腐《とうふ》屋さんの音色

へぇ～
まいど～
パープー
とうふー

パープー
とうふー
お豆腐《とうふ》一丁
くださいな～

お豆腐《とうふ》屋さんのラッパの音が
してきましたぇ
毎日まわってきてくれはるか
らうれしいわぁ～

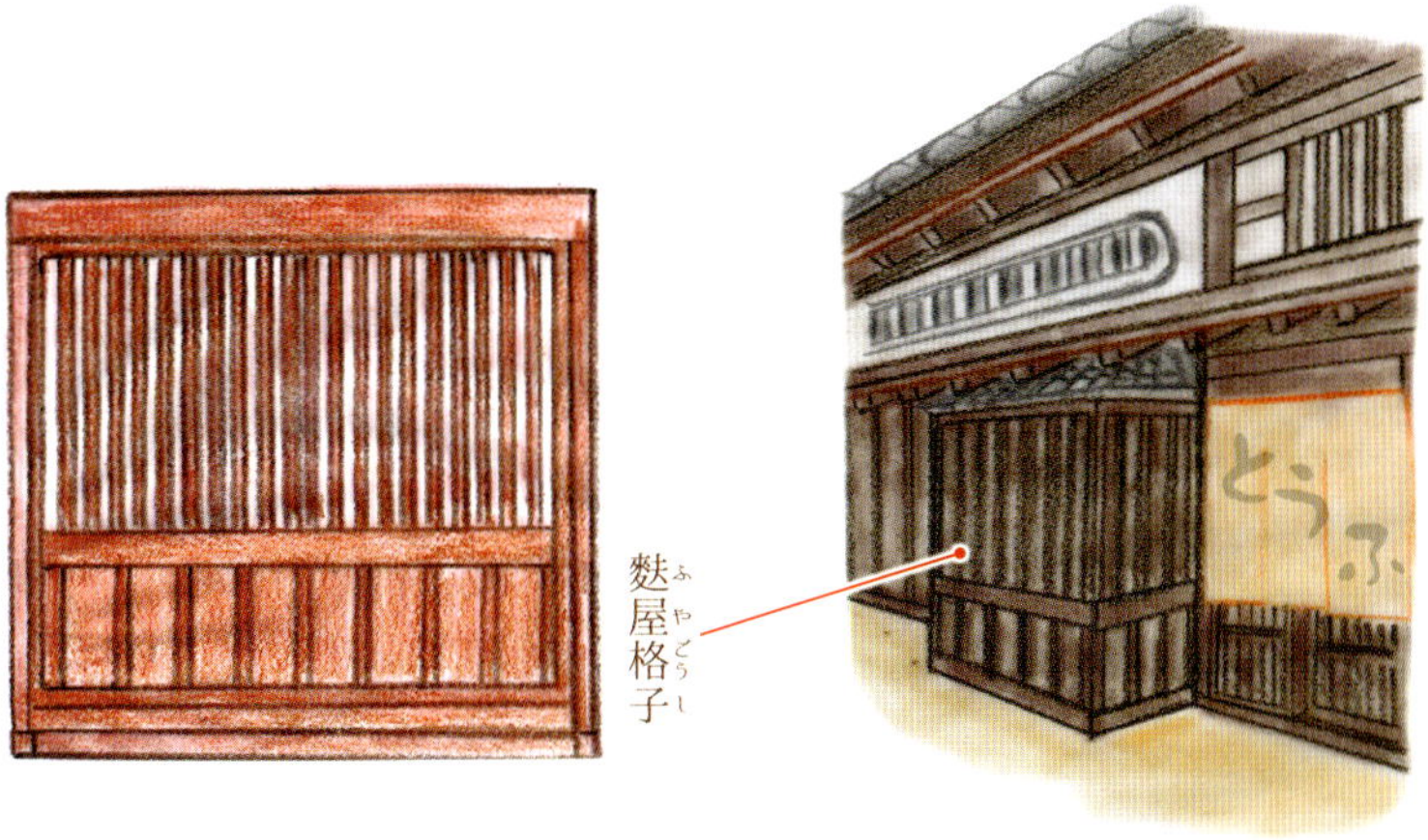
麩屋格子《ふやごうし》
とうふ

お豆腐《とうふ》屋さんの格子《こうし》は
麩屋格子《ふやごうし》というて水を使う
お店で使われてる格子《こうし》で、
腰《こし》の高さまで板張《いたば》りになって
て、水が外に飛ばへんように
なってますのぇ

いつも
おおきにぃ～
へぇ～また
よろしゅうに～

きぬごし、もめん、絹《きぬ》あげ
三角あげ、うすあげ、
ひろうす、おから、
どれもおいしそうやなぁ～
またラッパ吹いてきてやぁ～

床屋《とこや》さんは大いそがし！

えびす小路《こうじ》の散髪屋《さんぱつや》さんは、かわいい扉《とびら》と窓《まど》が目印です
昔江戸《えど》時代に、庶民《しょみん》のまげを結う床屋《とこや》が町内に一つずつ作られたそうやで

床屋《とこや》は家の区画が少し小さくなる角地に建てられていて、そのころは住まいとお店が別々やったんぇ

人が住まない店のことを床店《とこみせ》というので、床屋《とこや》さんと呼ばれるようになったそうやねぇ

町内に必ず一つずつあった床《とこ》屋《や》には、火事の時に火《ひ》の見櫓《みやぐら》に登って、半鐘《はんしょう》をつく見張《みは》りの役割《やくわり》もあったらしいなぁ

江戸《えど》時代、町内の人が必ず来る床屋《とこや》さんは社交場にもなっていて、待ち時間に将棋《しょうぎ》したり、お茶飲んでしゃべったりしてたんやねぇ

今でもうちらには社交の場やけど〜

ほんま、ほんま

便利なばったり床几《しょうぎ》

えびす小路《こうじ》で
お茶屋をやってます葉子《ようこ》です
どうぞよろしゅうに～

お店の前のばったり床几《しょうぎ》が
自慢《じまん》ですぇ～

毎朝、ばったり
床几《しょうぎ》を下ろして、
蔀戸《しとみど》をはね上げ
ます

屋根の金具に
ひっかけて
固定しますのぇ

こうすると
お店の商品が
よお見えて
床几《しょうぎ》の上にも
ディスプレイできるので、
「揚《あ》げ見世《みせ》」とも言われてい
ますぇ

その日のおすすめのおいしい
お茶をご自由に飲んでいただ
いて、ゆっくりしてもらうの
に床几《しょうぎ》はちょうどええわ～

今日もお茶の香《かお》りに誘《さそ》われて、
たくさんのお客さんが
来てくださいますぇ

みなさんもゆっくりしに
おいでやすぅ～

格子《こうし》で お商売がわかる

町家に特徴的《とくちょうてき》な格子《こうし》は、塀《へい》みたいに外と内をはっきり区切らずにゆるやかにつないでますなぁ

町家はおもてで商いをして、奥《おく》で生活する家やさかいに格子《こうし》の形を見たら、その家のお商売がわかりますぇ〜

うちは呉服《ごふく》屋やったから、反物《たんもの》がよお見えるように、縦《たて》の桟《さん》を数本ごとに短くして上から光が入るように工夫された糸屋格子《こうし》なんぇ
糸屋さん、紐《ひも》屋さんもこの格子《こうし》やなぁ

糸屋格子《こうし》

他にも防犯《ぼうはん》に備《そな》えて、頑丈《がんじょう》な米屋格子《こめやごうし》や、炭の粉が飛ばないようにすきまがせまい炭屋格子《すみやごうし》

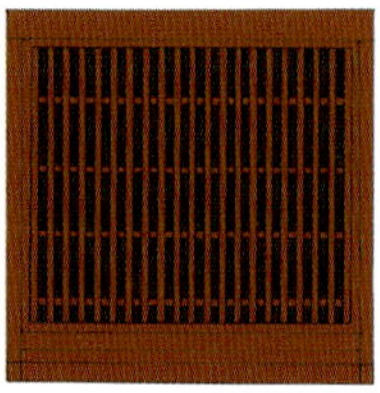

米屋格子《こめやごうし》

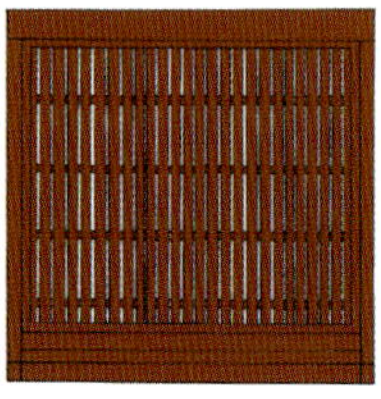

炭屋格子《すみやごうし》

腰《こし》の高さまで板張《いたば》りになっている水を使うお店の麩屋格子《ふやごうし》、お商売「やめた」から「しもうた」で仕舞屋格子《しもたやこうし》という格《こう》子《し》もあって、格子《こうし》を見てまわるのもおもしろおすぇ

麩屋格子《ふやごうし》

仕舞屋格子《しもたやこうし》

格子《こうし》を使って 小粋《こいき》なお商売

格子《こうし》は外からはあんまり見えへんけど、中からはよぉ見えてますやろ
格子《こうし》は中からちょっと声をかけやすいからお商売に使ってはったんぇ

おばあちゃんから聞いたけど明治、大正のころは仲買人《なかがいにん》さんがきりっとしたたたずまいで、朝、糸問屋《いとどんや》さんの格子《こうし》の前を歩かはるねんで

肩《かた》にななめにかけた麻《あさ》の風呂敷《ふろしき》のいでたち

歩いていると格子《こうし》の中から糸問屋《いとどんや》の番頭《ばんとう》さんがお目当ての仲買人《なかがいにん》さんに「いよっ！まっおわい（お入り）」と声をかけますのぇ

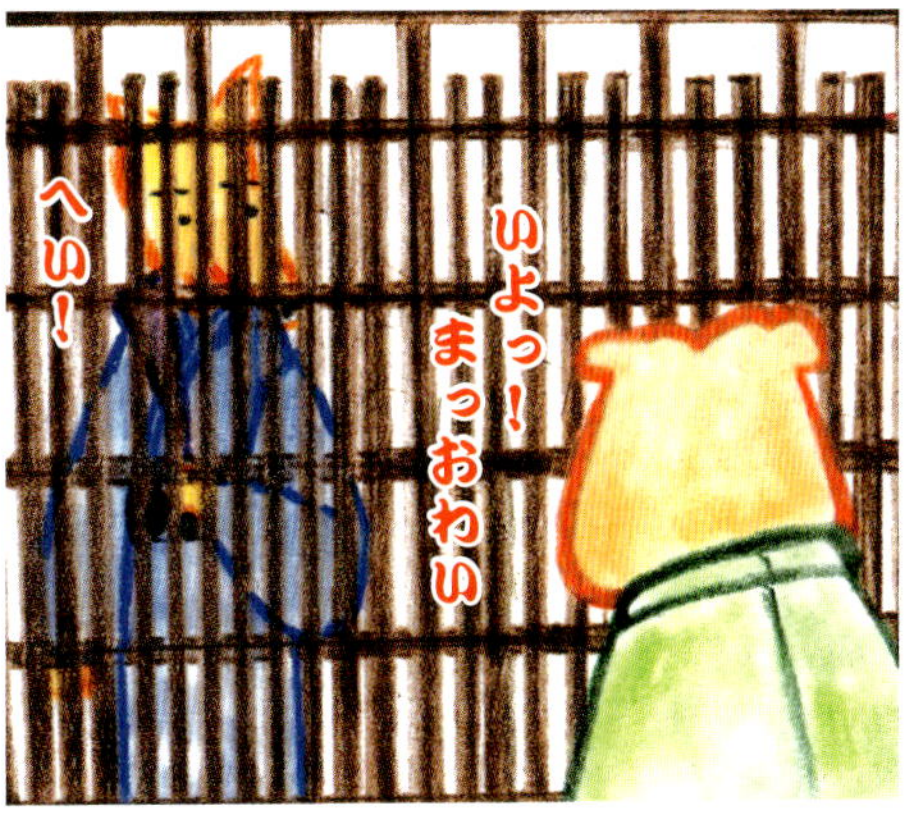

中に入った仲買人《なかがいにん》さんは、見本の糸を調べ、その日の相《そう》場《ば》を決め、糸問屋《いとどんや》の番頭《ばんとう》さんとそろばんを見せ合って交渉《こうしょう》しますのぇ
そろばんがガチャンと大きな音で元にもどされ、ポンポンポンと三度手を打って、商売成立！
粋《いき》やなぁ〜

虫籠窓《むしこまど》から よぉ見えてますぇ～

虫籠窓《むしこまど》は町家らしいって
よぉ言われますなぁ～

外から中がどうなってるか
全然見えへんけど、
中からは外の様子が
よぉわかりますぇ～

虫籠窓《むしこまど》の内側はこんなふうに
なっていて、障子《しょうじ》やガラスが
付いていることが多いのぇ

壁《かべ》の厚《あつ》みがあるさかい、
ななめに見ると見えへんけど、

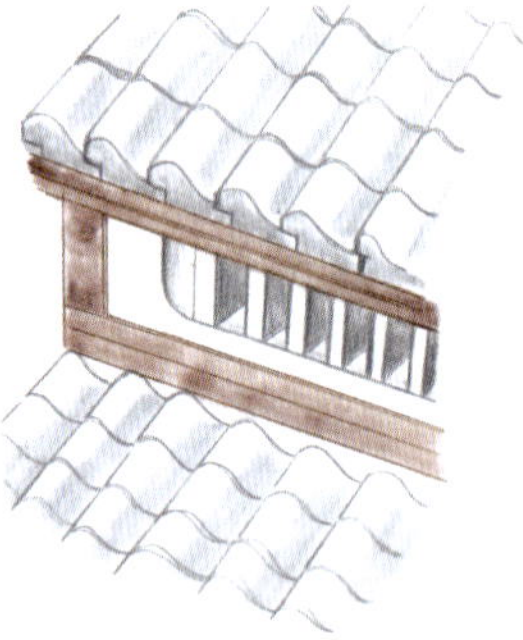

顔《かお》を近づけると
よぉ見えますぇ
ちいこちゃん
おめかしして
お出かけ
しはるわ～

なぁ、
お豆さん？

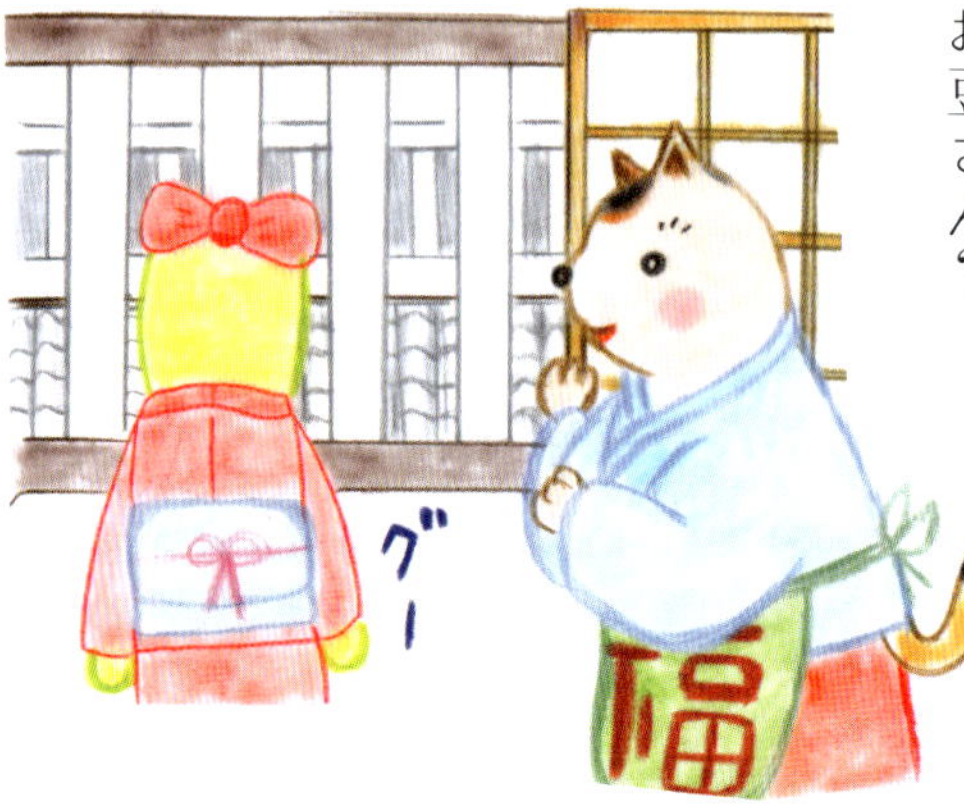

どこからか
肉じゃがのええにおい……
うちも晩《ばん》ごはん
そうしまひょ～

虫籠窓《むしこまど》は虫かごから？

うちらの住んでる町家にも
虫籠窓《むしこまど》がありますなぁ

低い2階のある町家を
厨子《つし》二階と言って、
虫籠窓《むしこまど》は厨子《つし》二階の表側に
ついてる細い格子《こうし》の窓《まど》のこと
をいいますのぇ

江戸《えど》時代の中ごろ

江戸《えど》時代の後期

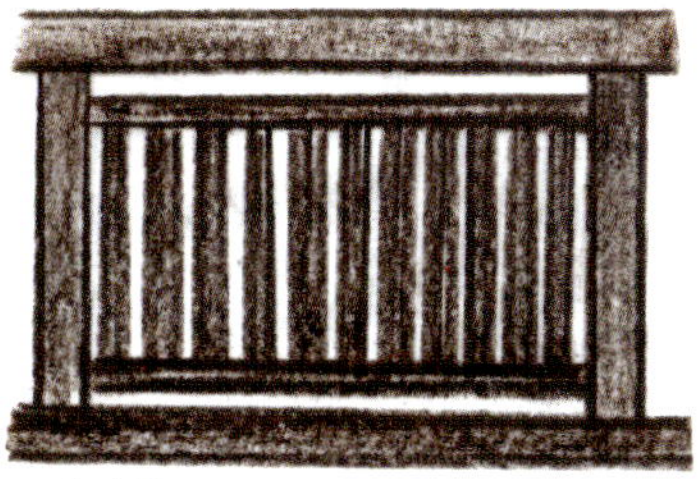

大正《たいしょう》時代は２階が高くなり、
虫籠窓《むしこまど》も縦に長くなった

虫籠窓《むしこまど》は、目の細かい縦《たて》の格《こう》
子《し》が等間隔《とうかんかく》に並ぶ虫籠格子《むしこごうし》を
つけた窓《まど》のことで、虫籠《むしかご》に似《に》
ているからとも、竹を編《あ》んで
作った蒸子《むしこ》に似ているからと
も言われていますぇ

蒸子《むしこ》に似《に》てるからやろか？

虫籠《むしかご》に似《に》てるからやろか？
どっちかなぁ～

町家は規則的《きそくてき》で合理的

町家の町並《まちな》みは落ち着いてて ええなぁ

町家ってとても規則的《きそくてき》に 作られてますのぇ

町家は玄関《げんかん》を入ると 「とおりにわ」という土間《どま》が 奥《おく》まで続いていますぇ

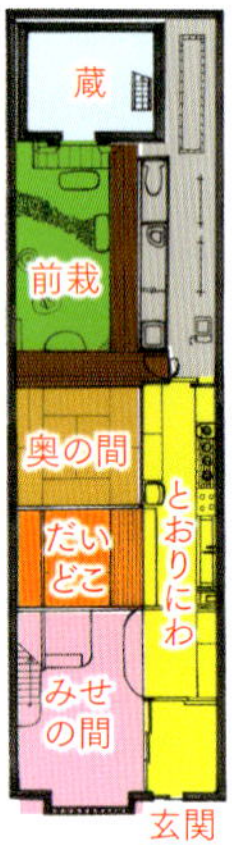

南北に長い敷地《しきち》では「とおり にわ」は東につくります㋐ 東西に長い敷地《しきち》では「とおり にわ」は南につくります㋑

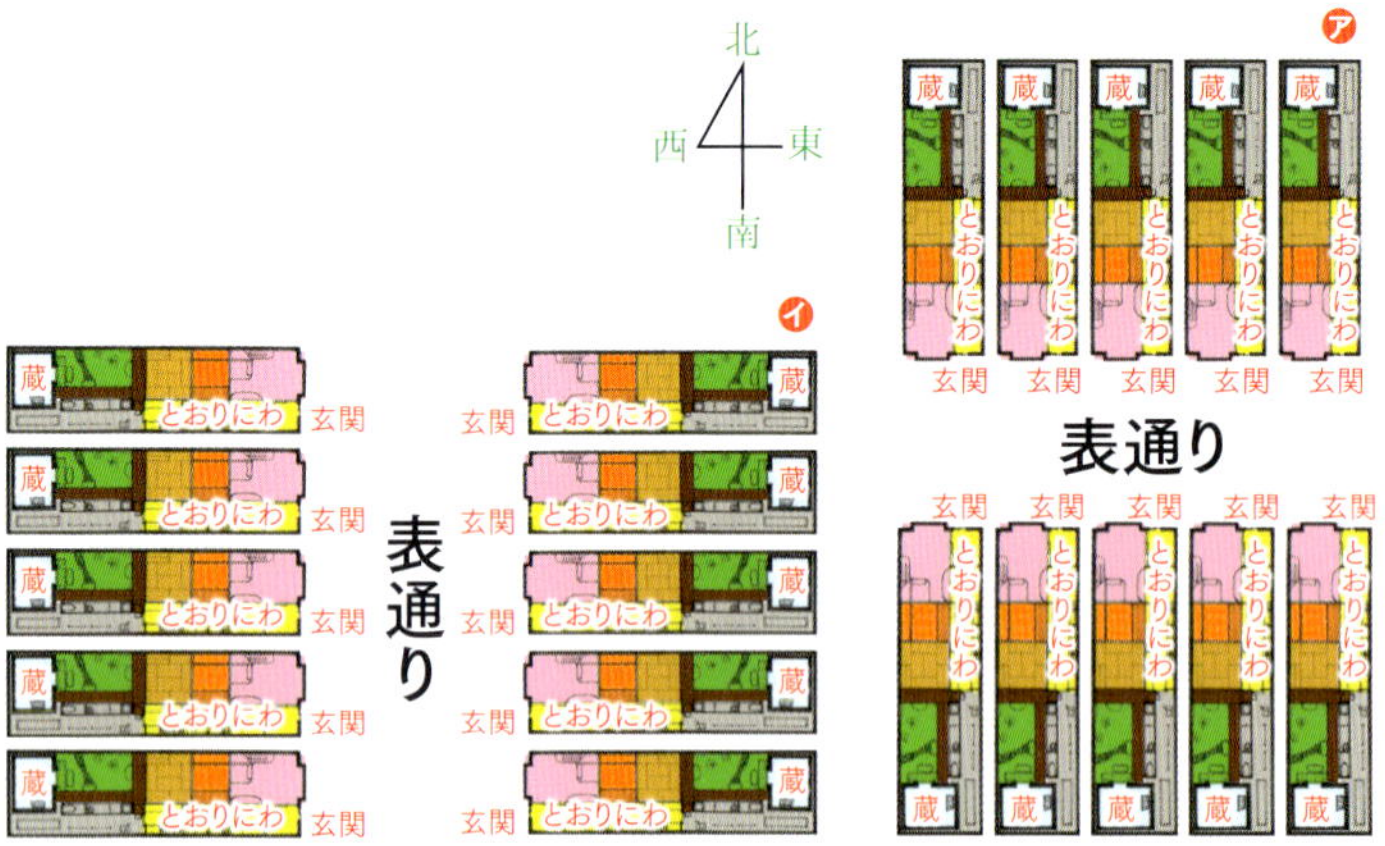

とおりにわを東か南に作ると、 奥《おく》の間《ま》の床《とこ》の間《ま》やお仏壇《ぶつだん》も 自然と東か南を向くように なりますやろ

そんな理由もあるのかも しれんなぁ

隣同士《となりどうし》の間取りを同じにする と、蔵《くら》や前栽《せんざい》の位置もそろう さかいに、火に強い蔵《くら》の壁《かべ》が 連続したり、庭という空間も 同じ場所に連なるので、 地域《ちいき》の防火《ぼうか》にも役立つんやて

ほんま、よぉ考えてはるなぁ

平安時代　まちや誕生《たんじょう》

なぁなぁ、町家っていつからあるのか知ってはる？

そやなぁ、平安時代に店屋《まちや》っていうのができたらしいぇ
平安京より前の京都は山背国《やましろのくに》葛野《かどの》という名前やったんやで

そこは秦氏《はた》という、朝鮮《ちょうせん》半島から来た最先端《さいせんたん》技術《ぎじゅつ》をもつ一族が住んではったんぇ

その技術《ぎじゅつ》で治水灌漑《ちすいかんがい》をして、四神相応《しじんそうおう》の地として整えられた地に桓武天皇《かんむてんのう》が都を移《うつ》したのが平安京やねぇ

平安京は朱雀大路《すざくおおじ》を境《さかい》に左京《さきょう》と右京《うきょう》に分けられ、東西を通る大路で九つの条《じょう》、東西それぞれに四つの坊《ぼう》に分けられていたのぇ

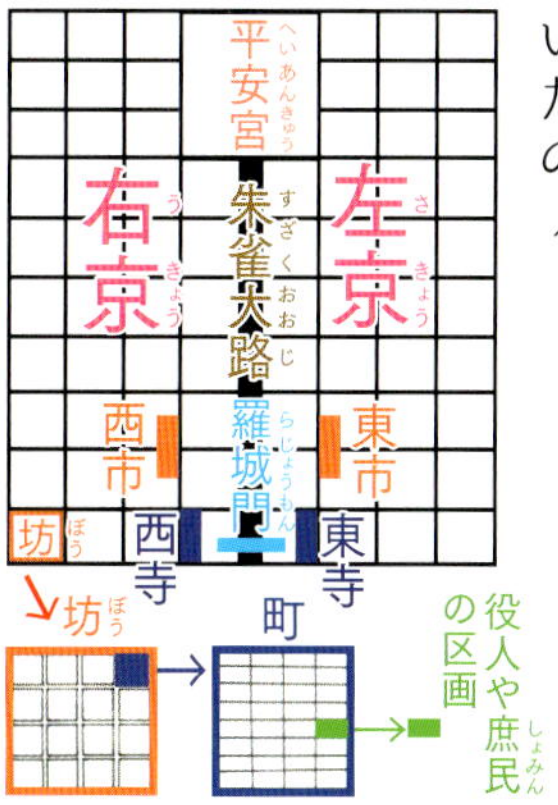

一つの坊《ぼう》は16に分けられて町と言ったんやで
そして町を32に分けた1区画に役人や庶民《しょみん》が住んでいたらしいぇ

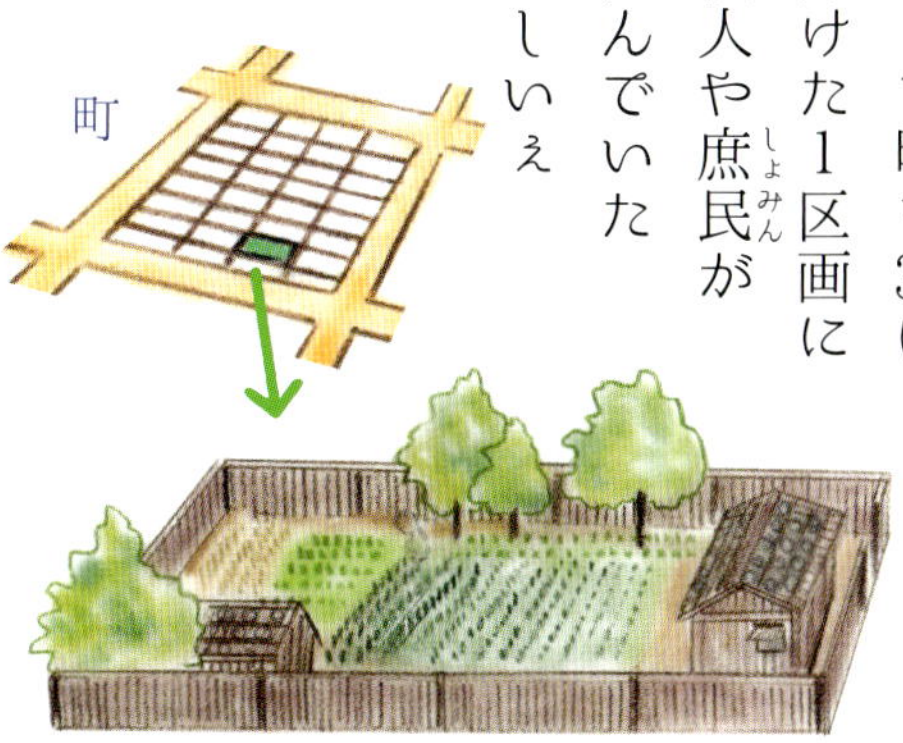

1区画の中のすみかは6坪《つぼ》ほどの平屋《ひらや》で空き地は畑にしてたんやねぇ

そんな時代、はじめて店屋《まちや》と呼ばれたものは東西の市で道の端《はし》に作られた小屋やったのぇ
それがそのころの祭り（葵祭《あおいまつり》）の見物をする桟敷《さじき》としても使われていたんやね

今の町家とは全然違《ちが》いますなぁ～

町家の歴史 平安～桃山《ももやま》

平安京ができたころは一区画を塀《へい》で囲って家を作っていたのが、塀《へい》がなくなっていったのぇ

だんだんお商売が盛《さか》んになって平安時代の後期には道に面して、お隣《となり》とひっついた家がたくさん作られるようになったんやて

奥《おく》に空き地ができて共同の井戸《いど》があって、洗濯場《せんたくば》があったり、共同広場みたいになってたんやなぁ

お商売も最初は官営の市場でしかできなかったのが、すまいの前の部分をミセにする商人の家ができてきてのれんもしてるなぁ

南北朝時代には内乱《ないらん》への守りから町組《ちょうぐみ》という共同体ができたのぇ

応仁《おうにん》の乱《らん》のころには町の中は戦乱《せんらん》に巻《ま》きこまれて、身を守るために町家には格子《こうし》ができてきたんやて

秀吉《ひでよし》の時代、「町」の区画の真ん中に「突き抜《ぬ》け」という南北の道を通し、両側に家を建て、空き地がなくなったのぇ

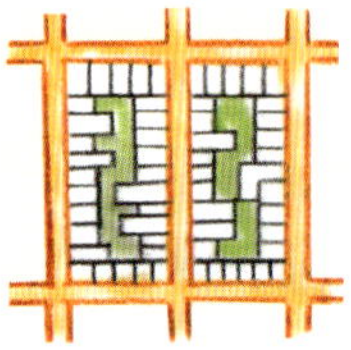

秀吉《ひでよし》が区画整備《せいび》していたころには、ばったり床机《しょうぎ》が発明されて、人が座《すわ》って商談したり、ものを陳列《ちんれつ》したらしいぇ

今の商店街みたいな感じやねぇ

だんだん家が密集《みっしゅう》してきて今のような区画になったんやなぁ

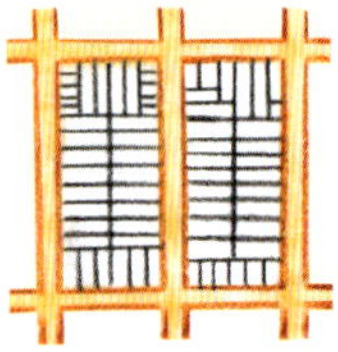

町家の原型 江戸《えど》時代

江戸《えど》時代に宝永《ほうえい》の大火《たいか》、天明《てんめい》の大火《たいか》という大火事が起こって、京都は焼け野原になったんやて

復興《ふっこう》の時に、町家を規格《きかく》化して同じ家をたくさん作ったのぇ 木工技術《ぎじゅつ》もだいぶ発展してたらしいなぁ～

防火《ぼうか》や防犯《ぼうはん》のことも考えて、屋根は瓦葺《かわらぶ》き厨子《つし》二階、虫籠窓《むしこまど》、出格子《でごうし》、という今の町家の原型ができたんやなぁ

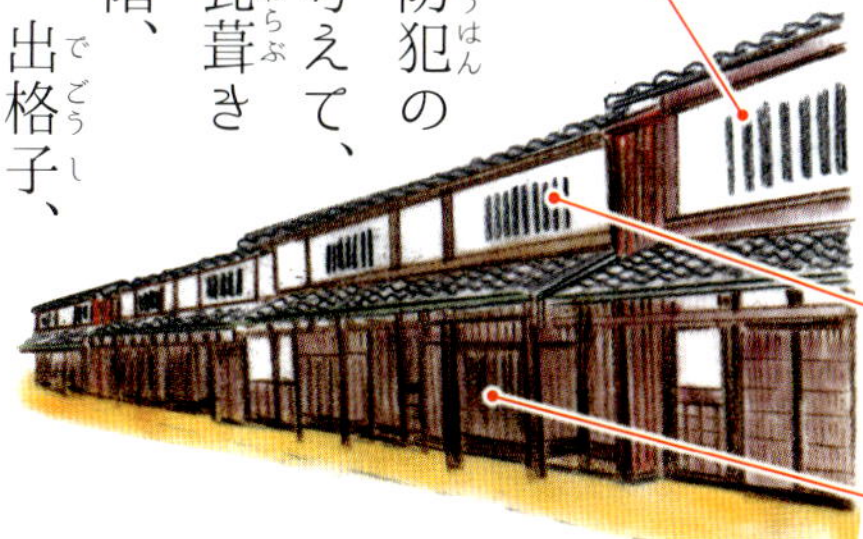
虫籠窓《むしこまど》
厨子《つし》二階
（天井《てんじょう》の低い２階部分があるつくり）
出格子《でごうし》

家の中も、土間《どま》のとおりにわとみせの間、だいどこ、座敷《ざしき》（奥《おく》の間《ま》）や、前栽《せんざい》や蔵《くら》もできてるなぁ

そんな江戸《えど》時代からあるうちらの家も大切に住み続けますぇ

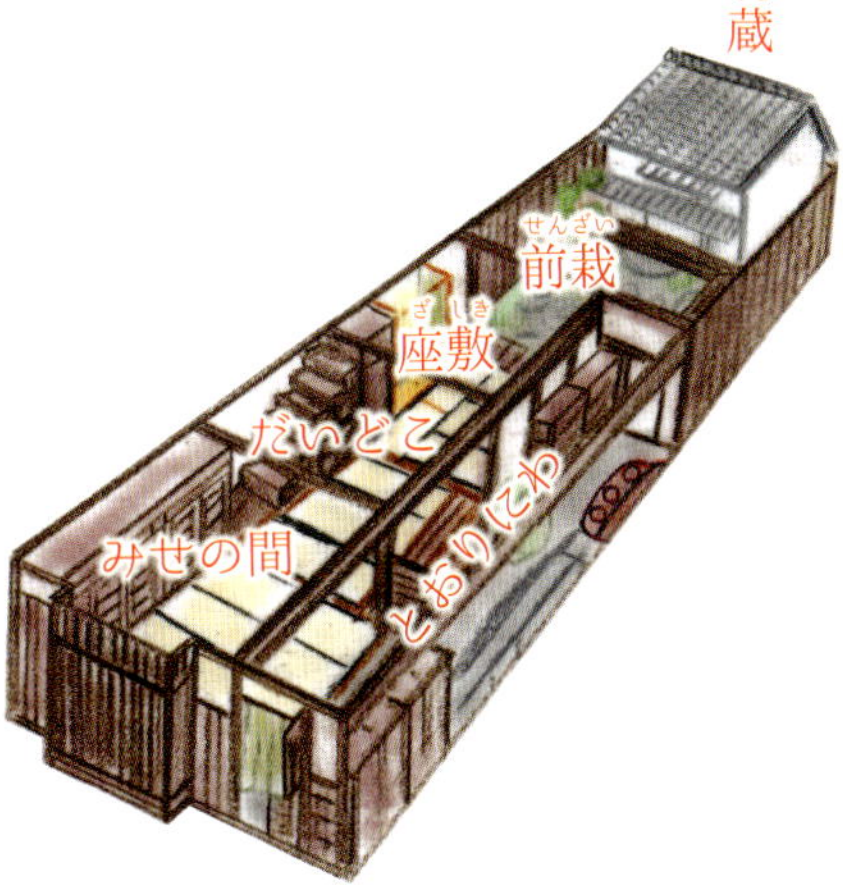
蔵《くら》
前栽《せんざい》
座敷《ざしき》
だいどこ
みせの間
とおりにわ

技《わざ》とやさしさが生む機能美《きのうび》

町家を建てる時は、おもての排水溝《はいすいこう》のきわに1階の軒先《のきさき》をそろえて、そこから1メートル下がったところに柱を立てますのぇ

そうすると自然に位置がそろいますぇ

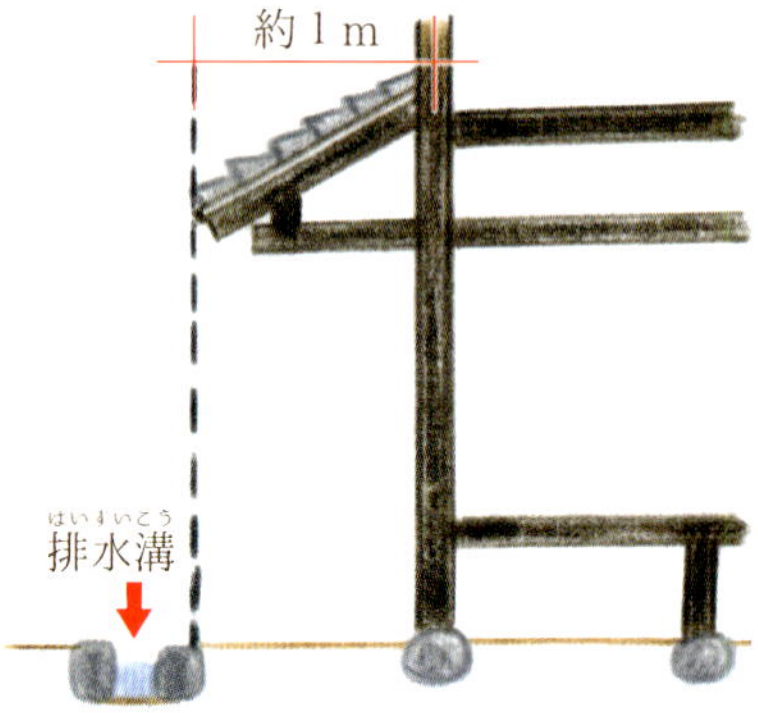

家々のそろった軒先《のきさき》から柱までの軒下《のきした》は、だれでも通れる公共の通り道というのが暗黙《あんもく》の了解《りょうかい》ですぇ

昔は商いの人が軒下《のきした》を通って、中から声がかかるのを待っていたらしいぇ

ばったり床几《しょうぎ》を出して、ご近所さんとくつろいだり、夏にはお茶を用意して道行く人に施茶《せちゃ》したりしますなぁ

それと、急な雨の時、軒下《のきした》で雨宿りできてええなぁ

そろった軒先《のきさき》がスッキリ見えるのはやっぱり一文字瓦《いちもんじがわら》のおかげやねぇ

瓦《かわら》の下端《したば》をびしっとそろえるのが、瓦屋《かわらや》さんの腕《うで》の見せどころなんやね

それと、ほら、町家の屋根の高さはお隣同士《となりどうし》が高い低いとたがい違《ちが》いになってますやろ それは雨をお隣《となり》の家とのすきまに入れないようにする知恵《ちえ》やねんで

高い方が一尺五寸《いっしゃくごすん》(約45センチ)かぶせるきまりなんやそうやで

町家も助けおうてはるねんなぁ

大切な 前栽《せんざい》の役割《やくわり》

町家には前栽《せんざい》という座敷《ざしき》の奥《おく》の庭があって、換気《かんき》や温度調整をしたり、住まいに自然を取りこむ役割《やくわり》をしていますのぇ

朝《あさ》おもてに、夕方前栽《せんざい》に打ち水をすると、水をまいたところの温度がさがりまっせ

その冷たくなった空気が、気圧《きあつ》の低いほうへ流れて、打ち水をしたところからしてないほうへそよ風がおこりますのぇ

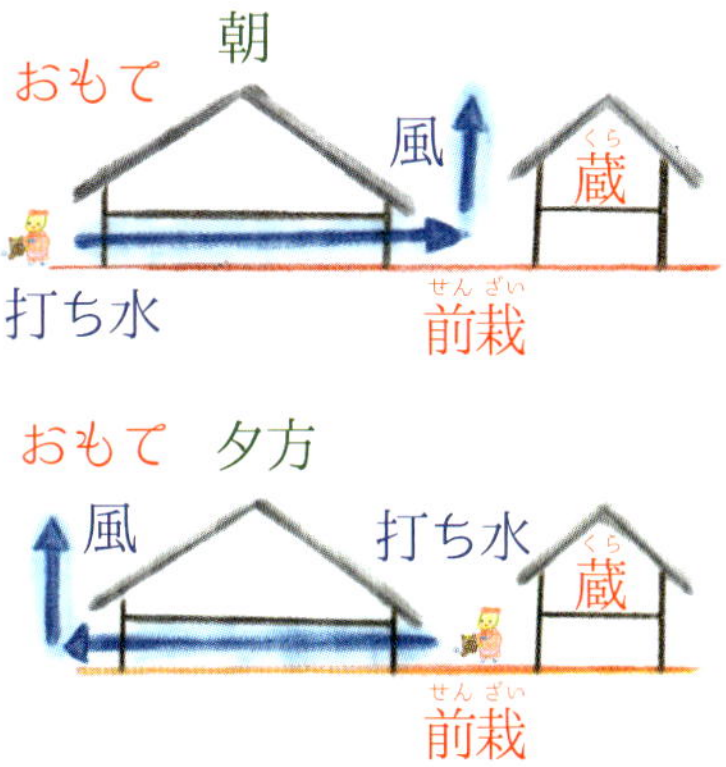

ええ風も吹《ふ》くし、季節の花が咲《さ》いたり、その香《かお》りや、虫の声や、しめった土のにおいで自然を五感で感じられますなぁ

縁側《えんがわ》に出てお月様見ながらお茶飲むのも、空気がひんやりとして気持ちええなぁ～

鈴虫《すずむし》も鳴いてますぇ

自然の素材《そざい》は 呼吸《こきゅう》してますぇ

町家は部屋の湿度《しつど》がだいたい40％～70％に保たれていますぇ

雨の日でもそんなにじめじめしいひんなぁ～

自然の材料でできている町家の柱や土壁《つちかべ》、天井《てんじょう》の板、床《ゆか》の畳《たたみ》、建具《たてぐ》の木や障子《しょうじ》の紙やらが湿気《しっけ》を吸《す》ったり吐《は》いたりして調整してくれてるんやねぇ

特に柾目《まさめ》の板はよく湿気《しっけ》の調整をしてくれているんやで～

丸太から板をとると中心部分が柾目《まさめ》で、端《はし》が板目《いため》になります

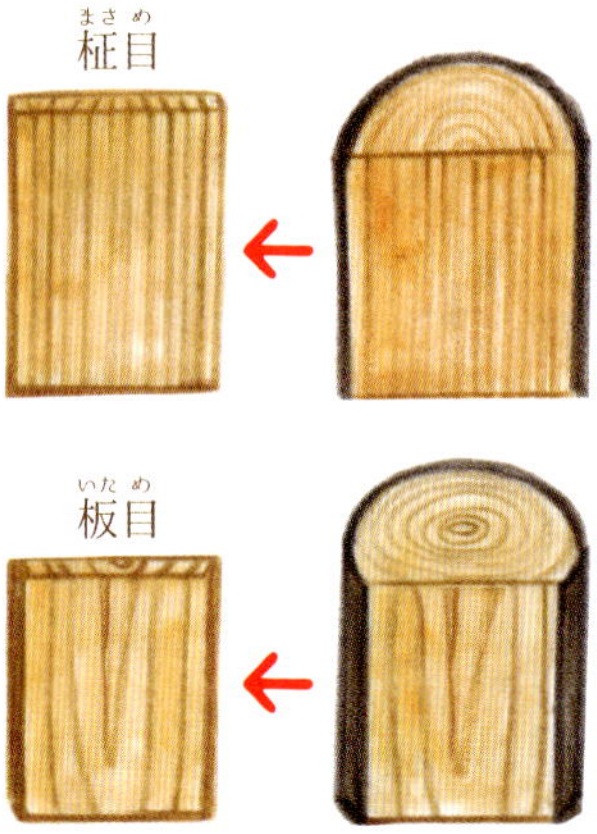

何にも言わへんけど呼吸《こきゅう》して、いつも過《す》ごしやすくしてくれてるのやなぁ おおきにぃ～

内と外をつなぐ縁側《えんがわ》

縁側《えんがわ》に座《すわ》ってお庭を見てると
落ち着きますなぁ

豆
福

お豆さん、縁側《えんがわ》って「濡《ぬ》れ縁《えん》」
と「くれ縁《えん》」があるのぇ
濡《ぬ》れ縁《えん》は軒先《のきさき》の縁側《えんがわ》で
雨に濡《ぬ》れても丈夫《じょうぶ》な材で、
張《は》り方《かた》も「切り目縁《えん》」って
いう張《は》り方《かた》やねんて
くれ縁《えん》は雨戸の内側の縁側《えんがわ》で
すぇ

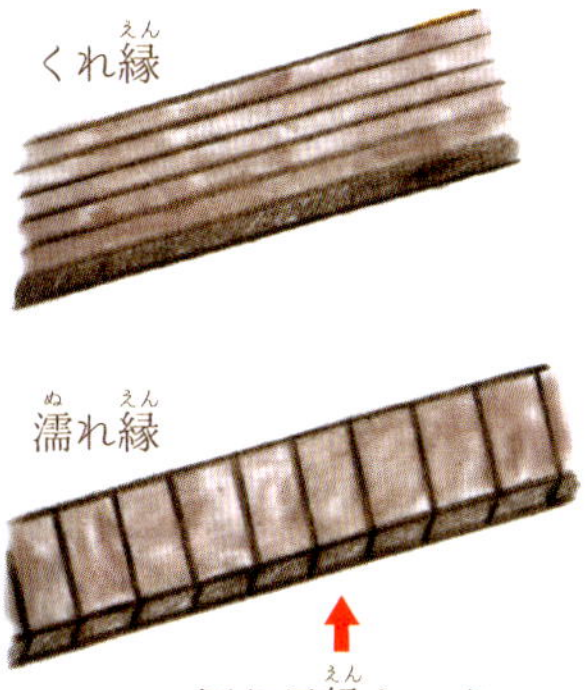

くれ縁《えん》
濡《ぬ》れ縁《えん》
切り目縁《えん》という
板の張《は》り方

縁側《えんがわ》があると、
軒《のき》が深いさかいに夏の昼間は、
高い位置からの日ざしを
さえぎって、冬の低い位置の
太陽の光は部屋の奥《おく》までよく
通しますのぇ

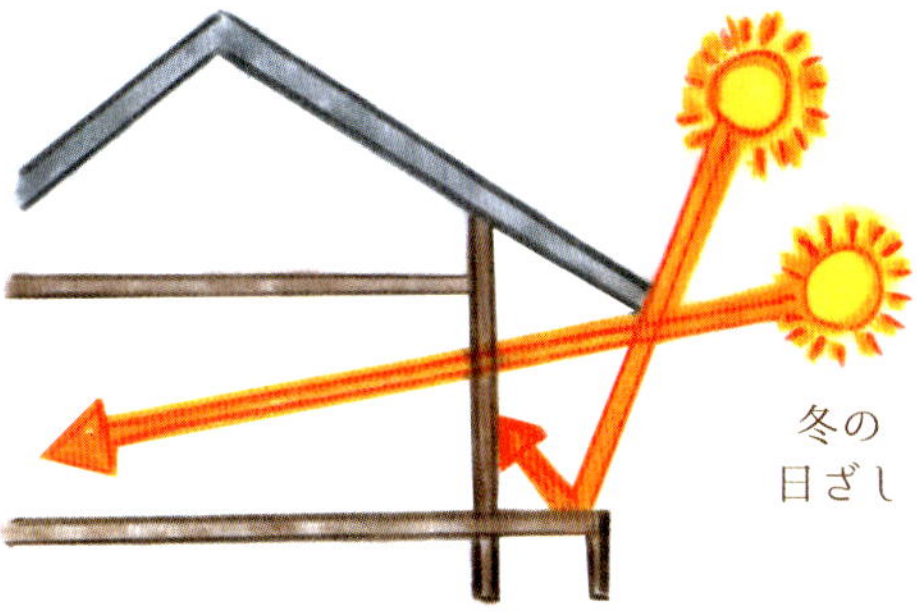

夏の
日ざし
冬の
日ざし

そしてなぁ、縁側《えんがわ》って
とっても日本らしいなぁって
思うの
内でも外でもない、あいまい
な場所やから全く違《ちが》う二つの
場所をつなげる役目をしてい
るのやなぁって……
あっ！ お豆さん、
寝《ね》てはるわ
気持ちよさそうやなぁ～

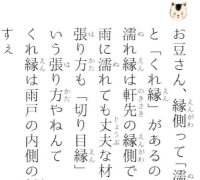

最強の水対策《たいさく》 日本瓦《がわら》

町家の軒《のき》は一文字瓦《いちもんじがわら》がぴしっとそろっていて、町並《まちな》みがしゃんとしてますなぁ

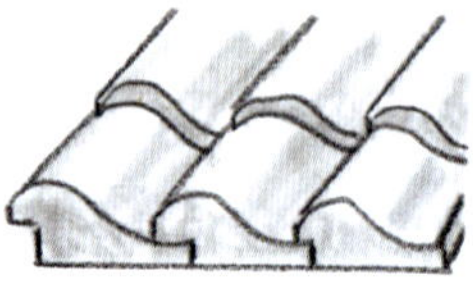

一文字瓦《いちもんじがわら》

瓦《かわら》は4千年前に中国で最初に作られたという説がありますぇ

それから日本へ渡《わた》って、今までの間にいろんな工夫をされて、雨漏《あまも》りに最強な屋根の勾配《こうばい》と、瓦《かわら》の形になったんやて

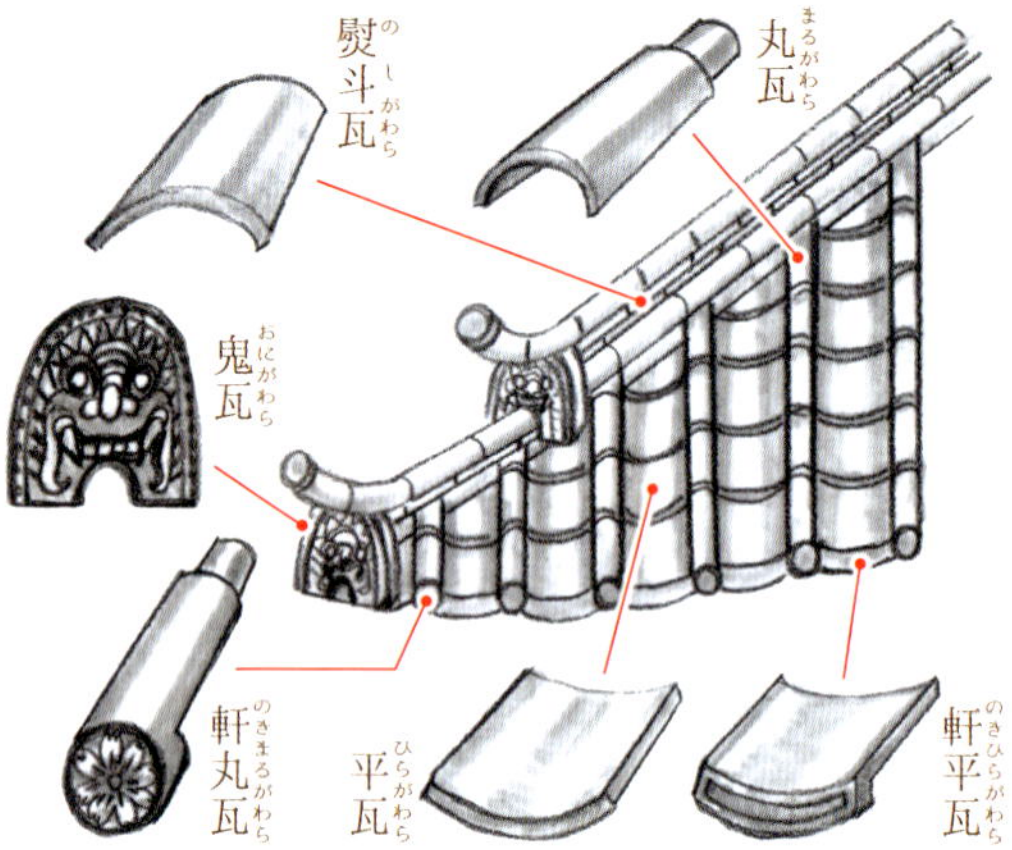

もともとは平瓦《ひらがわら》を丸瓦《まるがわら》でかぶせていたのが、江戸《えど》初期に近江《おうみ》三井寺《みいでら》の西村半兵衛《はんべえ》という瓦師《かわらし》が考えはった波形の瓦《かわら》が良くできていて安いというので庶民《しょみん》にも使われ始めたんやて

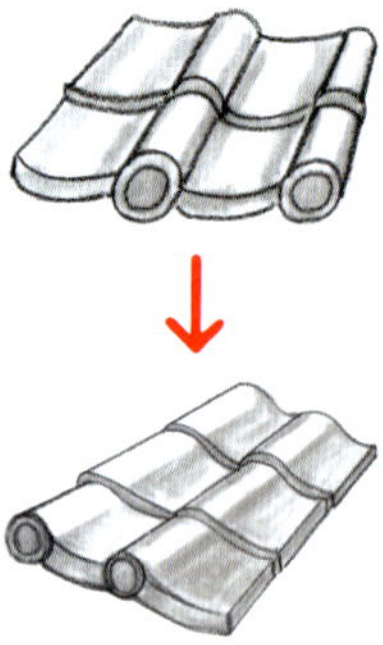

波形の新しい形の瓦《かわら》

京都では鬼《おに》も倒《たお》す力を持つ鍾馗《しょうき》さんを瓦《かわら》で作って、玄関《げんかん》の上の小屋根につけてはる家も多いぇ

家ごとにいろんな鍾馗《しょうき》さんがやはるから見てまわるのもおもしろおすぇ～

鍾馗《しょうき》さん

蔵《くら》はほんまに頼《たよ》りになりますぇ

蔵《くら》は防火《ぼうか》・防犯《ぼうはん》・収納《しゅうのう》にすぐれた、町家の生活に欠かせない建物やねぇ

土と漆喰《しっくい》の壁《かべ》の厚《あつ》さは20センチ以上もありますぇ

家やご近所で火事になった時は、大切なものを全部蔵《くら》に入れて、大きなかめに水を入れて真ん中に置いておくと、蔵《くら》の中が熱くなってもかめの中の水のおかげで発火しいひんのぇ

蔵《くら》の戸をしっかり閉《し》めて、戸のすきまに粘土《ねんど》を塗《ぬ》るか、水をかけて火に備《そな》えます

家が焼けても蔵《くら》は残って、中のものも無事なことが多いぇ

かめの中の水は全部蒸発《じょうはつ》してることもあるねんで

蔵《くら》は丈夫《じょうぶ》に作ってあるけど、瓦《かわら》から雨が壁《かべ》にしみこんだら、一気に崩《くず》れることもあるのぇ

そういうことがないように日ごろから大工さんがお手入れしてくれてますなぁ

「くりちゃん、いつもおおきにぃ～」

「へ～まかしといてや～」

日ごろのお手入れで 快適《かいてき》な町家生活

町家は地域《ちいき》ごとに出入りの大工さんがおられて、いつもお手入れしてくれてはったんぇ

えびす小路は今も、大工のくりちゃんがみてくれてますなぁ

今日は頼《たの》んでいたくらかけ（踏《ふ》み台《だい》）を持ってきてくれましたぇ

「こんちは～まいど～」
大工のくりちゃん

「ええくらかけ作ってもろうて、便利になるわぁ」
「いつもおおきにぃ～また来ておくれやす～」
「へ～おおきにまた来ますわ」

町家は木でできてますけど、お手入れが行き届《とど》いてたら百年以上もちますぇ

えびす小路の町家は、くりちゃんがいつもお手入れをしてくれるさかい、快適《かいてき》やねぇ

今日もくりちゃんは大いそがし！あちこちで「くりちゃん！」「へい！」という声がひびいています

くりちゃん
へい！
くりちゃん
へい！
へい！
くりちゃん

地元の材料で手作りの家

町家は家の近くの木と土を使って、その特性《とくせい》をよく知る大工さんが2～3年かけて自然に合うように建てはるのぇ

おくどさんも一から手作りで左官屋さんが耐火煉瓦《たいかれんが》と土でつくらはります

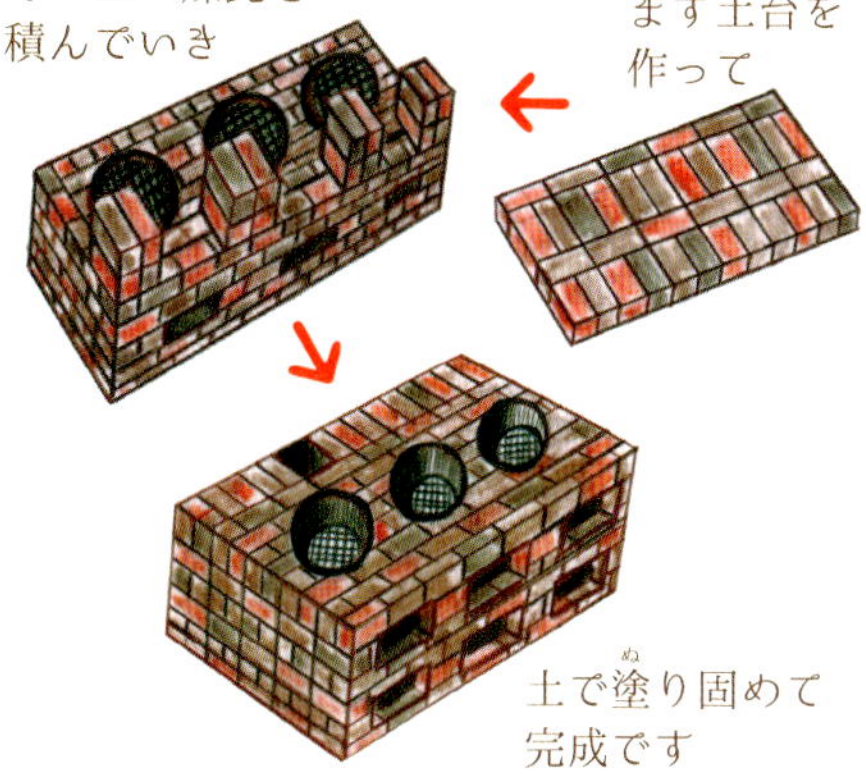
まず土台を作って
その上に煉瓦《れんが》を積んでいき
土で塗《ぬ》り固めて完成です

おくどさんの中はこんなふうになってますぇ

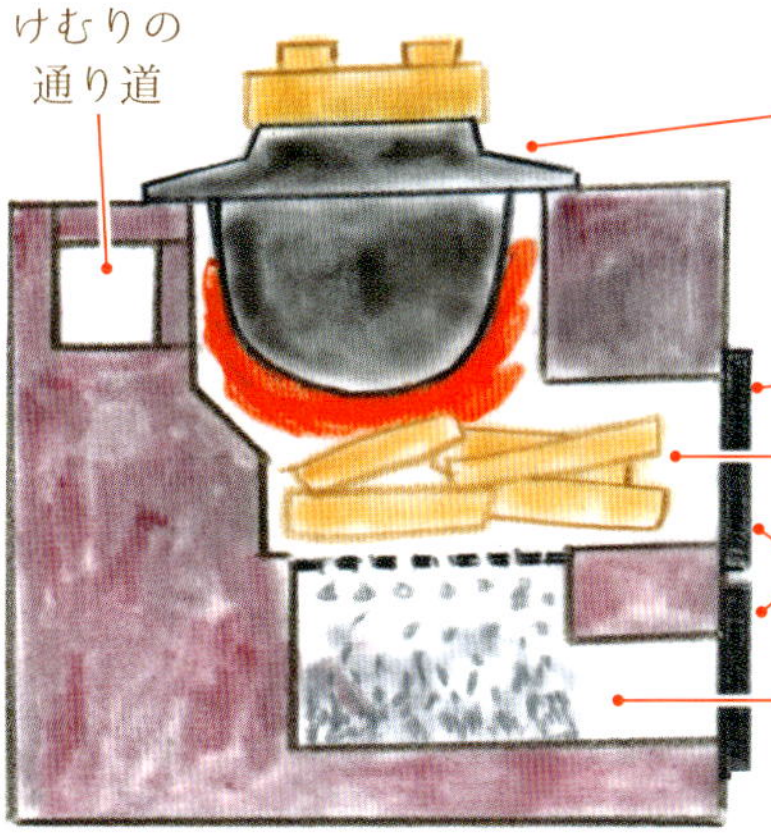
けむりの通り道
おかま
焚《た》き口《ぐち》
まき
蓋《ふた》に空気調節孔《ちょうせつこう》
ここに灰《はい》が落ちます

一度火を入れると、おくどさんも土間《どま》もあたたまって、なかなか冷えにくいし、おくどさんの前であったかいお茶飲むのもええなぁ～

秋の夜長《よなが》もたのしおす～

じゅんとう さんぺき

今日は大工のくりちゃんの
お師匠《ししょう》さんで
棟梁《とうりょう》さんのおうちに
お招《まね》きいただきましたぇ

おおきにぃ～

さすが棟梁《とうりょう》さんが建てられた
町家、立派やなぁ～

特にはしりにわの上の火袋《ひぶくろ》の
木組みが多くて、見上げたら
すごく高く
感じますなぁ

この木組みを
準棟纂冪《じゅんとうさんぺき》と
言うて技《わざ》の
見せどころやで

「棟《むね》に準《じゅん》ずる部位に雲のよう
に架《か》かる木組み」という意味
で、木組みの柱を上に行くほ
ど細くして実際《じっさい》より高く見え
るような工夫をしてますぇ
木組みが多い分、
頑丈《がんじょう》にもなるし
なぁ

雄大《ゆうだい》で繊細《せんさい》な
職人《しょくにん》さんの技《わざ》
すごおすなぁ～

地震《じしん》に強い 伝統木造構法《でんとうもくぞうこうほう》

東寺の五重塔《ごじゅうのとう》って日本で
一番高い木造《もくぞう》の
塔《とう》やねんて

五つの各層《かくそう》が独立《どくりつ》してて、
中心の心柱《しんばしら》が屋根のてっぺん
で水平の材でつながれてる
だけらしいぇ
心柱《しんばしら》は基礎《きそ》の石に載《の》ってるだ
けやそうやで

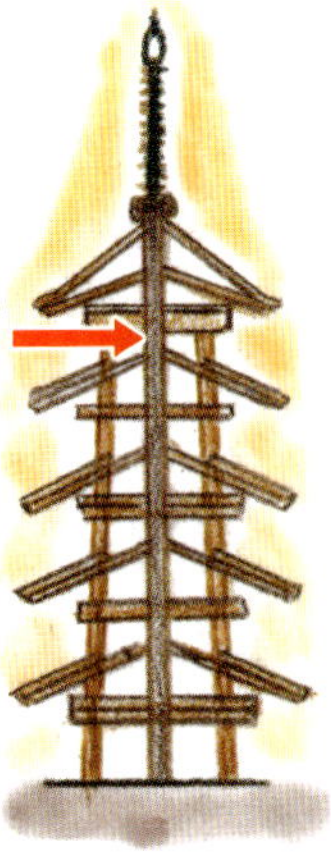

地震《じしん》の多い
日本では
揺《ゆ》れたら
各層《かくそう》が少し
浮《う》き上がって
エネルギーを
逃《に》がしてるんやね

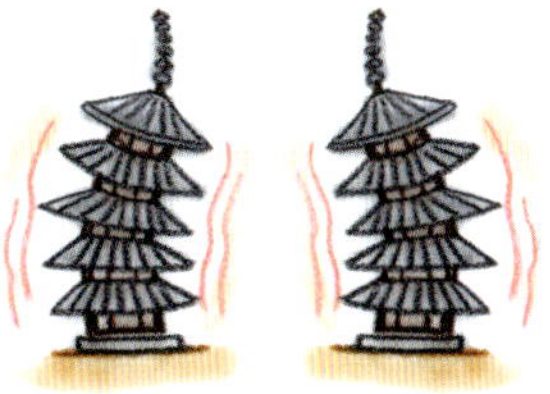

大屋根の重さで振《ふ》りを小さく
して、心柱《しんばしら》が各層《かくそう》を落下させ
ないで元にもどしてるんやで

うちらの住んでる町家も、
柱は石に置かれているだけで、
縦《たて》と横に組まれた木と、
堅《かた》い土壁《つちかべ》でできていて、地震《じしん》
の時は、土壁《つちかべ》にひびが入って
エネルギーを逃《に》がすのぇ

もっと大きな地震《じしん》の時は、
家全体がひとつ石からはねて、
免震構造《めんしんこうぞう》になって、屋根の
重さで復元《ふくげん》されるんやね～

伝統木造構法《でんとうもくぞうこうほう》は
お手入れしながら
なが～く住める家なんやねぇ

ろうじと ずし

寒いなゆうて
家でじーっと火鉢《ひばち》に
あたってたらあかんぇ
おさんぽに行きまひょ～

へ～

うちらの住んでるところから
ちょっと離《はな》れたら、
知らん道も多いなぁ～

あっ、ここはろうじやね
路地、露地とも書きますぇ
こんなふうに上が町家の2階
になってるとこもありますぇ
入り口に表札が出ていて奥《おく》に
何軒《なんけん》あるのかわかりますなぁ

ろうじは通り抜《ぬ》けできひん
細い道で奥《おく》にお地蔵《じぞう》さんが
やはることも
多いぇ

「とおりぬけできません」と
か「とおりぬけできます」と
いう札が入り口にかかってる
とこもありますぇ

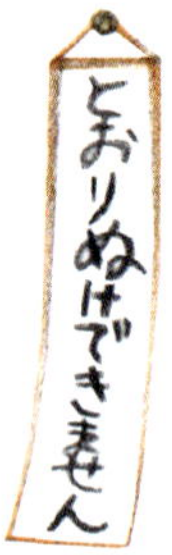

奥《おく》の家の住人共同の井戸《いど》も
あったりしますぇ～

細い道が通る
前は共同スペース
やった名残《なごり》かもしれんなぁ

ここは細い道やけど
向こうの通りに抜《ぬ》けてるから
「ずし」やなぁ
辻子とか図子と書きますぇ

仁丹《じんたん》の町名看板《かんばん》も趣《おもむき》があって
歴史散策《さんさく》みたいでたのしおす
なぁ～

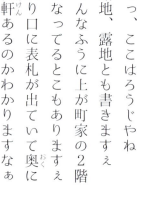

京都人気質《きしつ》と町家

うち、ちょっと前の京都の話聞いてから、京の人と町家って似《に》てるなぁって思うてますのぇ

京都っていざというときにお国に頼《たよ》らんと自立してきたらしいぇ

京都は明治になる前はずっと天皇《てんのう》がおられて、京の人たちの生活も天皇《てんのう》なしには考えられへんかったやろ

明治になって天皇《てんのう》が東京に移《うつ》ってしまわはったからショックでみんな元気のうなってしもたんやねぇ

そんな時、今こそ教育が大事！と、京の町衆《まちしゅう》や画家、文化人が立ち上がって、小学校を1年間で64校も建ててはったんやで

明治の学校制《がっこうせい》ができる3年も前のことで、独自《どくじ》に考えたことなんやね

町家は地震《じしん》が起こっても力をうまく逃《に》がして倒《たお》れにくくなっていたり、災害の時も井戸《いど》やおくどさんで炊《た》き出しができるしなぁ

京都の人と町家、自立と助け合いの気質《きしつ》が似《に》てるような気がしますぇ〜

コラム　日本初の電車は京都発！

日本初の路面電車は京都で
走ったんやで
なんでか知ってはる？

明治維新《いしん》と関係あるの？

そうやで
明治になって天皇《てんのう》さんが東京へ
行ってしまわはって、一緒にお
公家《くげ》さんや商人もついて行か
はったから京都の人口は急に
減《へ》って元気ものうなったのぇ
それで人の出入りを
増《ふ》やそうと思って
路面電車を
走らせたん
やて～

へぇ～
がんばらはってんなぁ

京都の人は自分らで学校つくっ
たり、琵琶湖《びわこ》から水を引いたり、
京都を盛《も》り上げるために努力し
はったんやね

チンチン電車には京都人の
気概《きがい》があってんなぁ～

第2部　京のくらしとちえ

町家には天とつながる場所も…

天井《てんじょう》が低いめで、奥《おく》に細長い
町家のなかで縦《たて》に抜《ぬ》けている
「はしりにわ」は、天窓《てんまど》も
あって、天とつながっている
ように感じられますのぇ

他にも、床《とこ》の
間《ま》の天井《てんじょう》や神《かみ》
棚《だな》の上は、実
際には上に抜《ぬ》
けてへんけど
天があると考
えられてます
なぁ

天

天

町家に住んでると、
いつでも天から
だれかが見てくれてはると
いう感覚がありますぇ

おだんご
いただきましてん
お供《そな》えしまひょ
お天道《てんとう》さま
いつもおおきに～

お天道《てんとう》さまに
恥《は》ずかしゅうないように
いつも身のまわりを
きれいにしていますのぇ

こうやって
かどはきや打ち水してると
気持ちええなぁ～

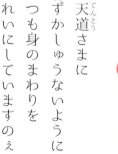

新年を迎《むか》える準備《じゅんび》

年《とし》の瀬《せ》、新年の神様
「歳徳《としとく》さん」をお迎《むか》えする
歳徳棚《としとくだな》を恵方《えほう》に向くように
こしらえます

歳徳棚《としとくだな》は、天井《てんじょう》からつるす形で
その年の恵方《えほう》の方角を向くよう
に一時的に作られる祭壇《さいだん》
恵方棚《えほうだな》ともいう

歳徳《としとく》さんは、
高い山から下
りてきて、
1年の実りと
幸福を約束し
て正月の卯《う》の
日にお帰りに
なります

はしりにわでは竈《くど》（かまど）の
神さんを祀《まつ》っている大釜《おおがま》でお
正月の三《さん》が日《にち》の間、神さんにお
供《そな》えするお雑煮《ぞうに》を作りますぇ

おくどさんの
お正月飾《かざ》り
（使っていない
ときは鏡餅《かがみもち》を
お供《そな》えします）

井戸《いど》など、神さんのおられる
場所には全部「星付《ほしつき》さん」と
いう小さなお鏡《かがみ》さんを
お供《そな》えします

神さんへのお供《そな》え準備《じゅんび》も
すんで、京のお正月は静かに
はんなりとした気分で
明けますぇ

よいお年を
お迎《むか》えくださいませ

自然とともに 身を清める知恵《ちえ》

1月15日は小正月《こしょうがつ》と言うて
小豆粥《あずきがゆ》を食べて1年の
無病息災《むびょうそくさい》をお願いしますのぇ

小豆《あずき》の赤色は災難予防《さいなんよぼう》の
けがれをはらう色なんやねぇ

旧暦《きゅうれき》では新月の日を毎月の
1日として、1年で最初に満
月になる日が1月15日になり、
満月がおめでたいものの象徴《しょうちょう》
ということで「小正月」に
したのが起源《きげん》なんやで

うちらも毎月1日と15日に
小豆《あずき》を食べて厄《やく》よけしますけ
ど、お月さんの満ち欠けの
周期が15日なのと関係するの
かもしれんなぁ〜

お月さんや、お日さん、
よろずの神さんを
うやまいながら、
自分らの身をいつも清める
昔からの知恵《ちえ》なんやろうねぇ

「引き」と「見立て」の美学

梅の季節やねぇ

梅にちなんだ京菓子《きょうがし》も
かわいらしいおすなぁ

雪の梅
梅衣《うめころも》
此花《このはな》
(梅の花の異名)

京菓子《きょうがし》の世界では「とことん
やって　ちょっと引く」とい
う言葉があるんやて
作りすぎないぎりぎりの一歩
手前で引く、抽象《ちゅうしょう》の美学なん
やそうやで

お抹茶《まっちゃ》によくあう
はんなりとした
味と香《かお》り

白砂《しらすな》や小石を水面に
見立てた枯山水《かれさんすい》

そのものズバリはヤボ、
「見立てる」という
自由さがあるということ
なんやろねぇ

京都の庭園にも見立ての
美学がありますなぁ

うちらも雪見障子《ゆきみしょうじ》から見える
前栽《せんざい》を見立てまひょ

小石が敷《し》きつめてあるのを
鴨川《かもがわ》に見立てたら、
奥《おく》の緑は東山やろか
今、雀《すずめ》みたいな鴨《かも》が
泳いでますぇ〜

想像《そうぞう》すると楽しおすなぁ

へっついさんはかまどの神様

古来、家は「斎竈《いへ》」と書いて、「竈《かまど》」の火を奉斎《ほうさい》（神仏《しんぶつ》をつつしんで祀《まつ》ること）していたそうやで

「かまど」は「釜処《かまど》」で、釜のあるところという意味と、「神門《かみと》」という神様を祀《まつ》るという意味があるらしいで

かまどの神さんは火の神さんで、「へっついさん」とも呼《よ》び、白や黒の丸みのあるちょっと大きなかまどにおまつりしますなぁ

このかまどは普段《ふだん》は使わないで、お正月などの特別な時にだけ使うのぇ

へっついさんには、毎月1日と15日は神酒をお供《そな》えして、灯明《とうみょう》をあげて、榊《さかき》と塩を置きます

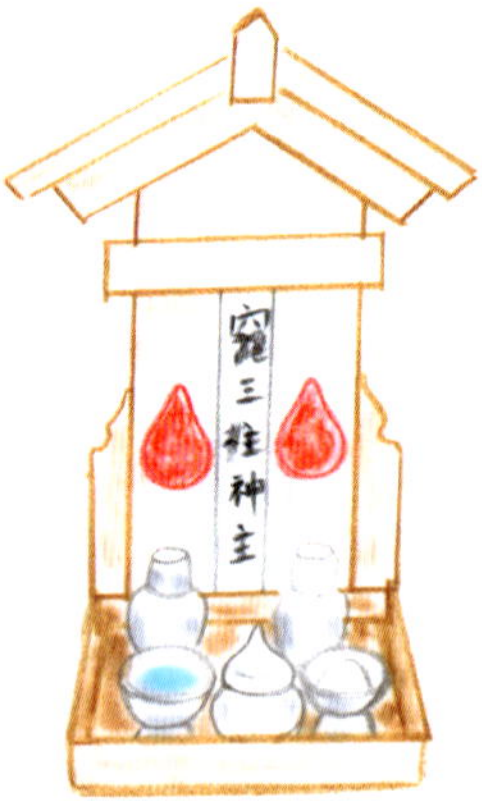

荒神《こうじん》さんをお祀《まつ》りして、愛宕《あたご》さんの「火廼要慎《ひのようじん》」のお札はいつもはっていますぇ

火の神さん、いつもあんじょうしてくださって、ほんまおおきにぃ これからもよろしゅうおたのもうします

町家を護《まも》る神さん

町家は家の中にたくさんの
神さんがいやはります
井戸《いど》には水神さんと呼《よ》ばれる
龍神《りゅうじん》さんがいやはりますぇ

毎月1日と15日にお灯明《とうみょう》を
上げますなぁ

おトイレにも
神さんがおられて、
「おようじの神さん」と
呼《よ》ばれてますぇ
いつもきれいにしておくと
良いご縁《えん》にめぐまれるんやて

道了《どうりょう》さんという道了菩薩《どうりょうぼさつ》さん
を祀《まつ》ってある家もありますぇ
泥棒《どろぼう》よけ、火伏《ひぶ》せの神さんな
んですぇ～
もともとは山門の守護神《しゅごしん》やね
んて

家の外には鍾馗《しょうき》さんと言われ
る魔《ま》よけの神さんがいやはり
ます

いつもおおきに
毎朝手を合わせてますぇ～

京のお茶文化と畳《たたみ》

うちら最近お茶習い始めたら
茶道《さどう》の奥深《おくぶか》さを感じますぇ

畳《たたみ》にも点前畳《てまえだたみ》、貴人畳《きにんだたみ》、炉畳《ろだたみ》、
客畳《きゃくだたみ》、通《かよ》い畳《だたみ》、踏込畳《ふみこみだたみ》と場所
で名前がついてて、
それぞれに
役割《やくわ》があり
ますなぁ

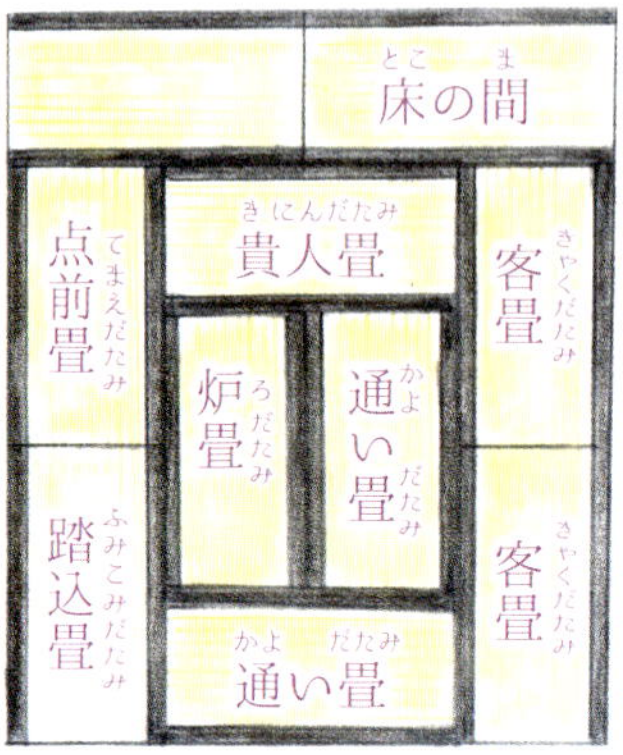
床の間《とこのま》
貴人畳《きにんだたみ》
客畳《きゃくだたみ》
点前畳《てまえだたみ》
炉畳《ろだたみ》
通《かよ》い畳《だたみ》
客畳《きゃくだたみ》
踏込畳《ふみこみだたみ》
通《かよ》い畳《だたみ》

畳《たたみ》はもともと
「重ねて折りた
たむ」という
意味なんやねぇ

畳《たたみ》おもて
畳《たたみ》へり

室町《むろまち》時代の中ごろに貴族《きぞく》や武《ぶ》
士《し》の住まいで使われはじめて、
庶民《しょみん》の住まいに普及《ふきゅう》したんは
江戸《えど》時代やそうやで

畳《たたみ》は部屋の大きさの基準《きじゅん》にも
なっていて、お茶室は4畳半《じょうはん》
が基準《きじゅん》で、それより広いと
広間、せまいと小間《こま》と言う
んぇ

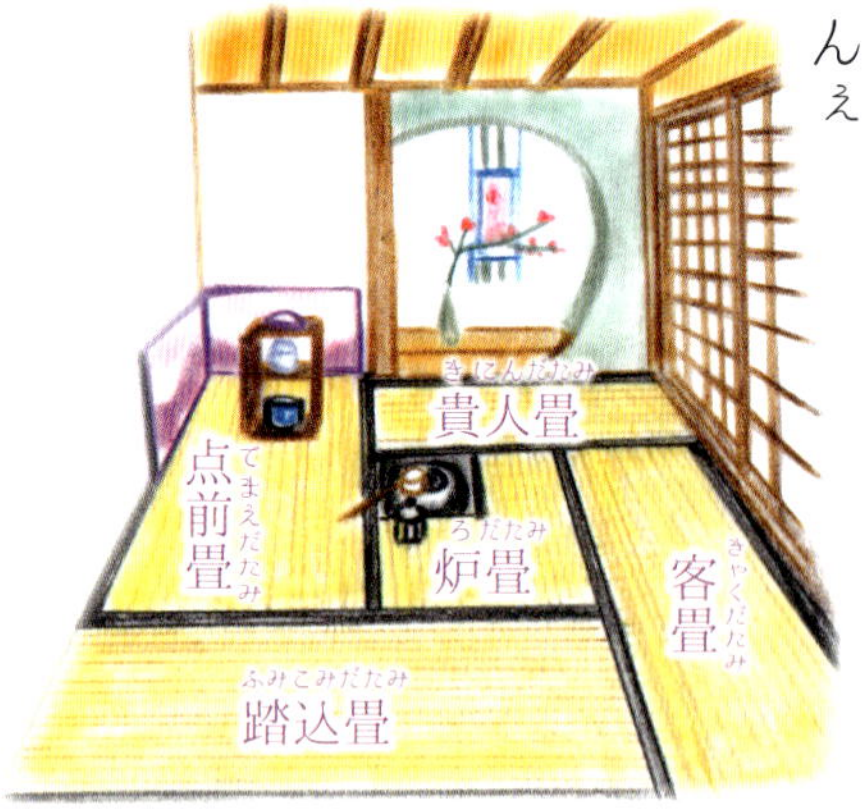
貴人畳《きにんだたみ》
点前畳《てまえだたみ》
炉畳《ろだたみ》
客畳《きゃくだたみ》
踏込畳《ふみこみだたみ》

茶道《さどう》では畳《たたみ》の上は清浄《せいじょう》である
とされてて、食卓《しょくたく》の上と同じ
扱《あつか》いなんやねぇ

動作のひとつひとつ、
物を置く位置の目安に畳《たたみ》の
目を数えるのはお茶を習って
初めて知りましたぇ

お茶のせんせいきびしいけど
お稽古《けいこ》楽しいわぁ

畳《たたみ》のへりはふんだらあきまへんぇ～
背筋《せすじ》伸《の》ばして～

町家で竹は重宝《ちょうほう》してますぇ

竹が青々としてきれいやなぁ

町家では竹でいろんなものを作ってますのぇ

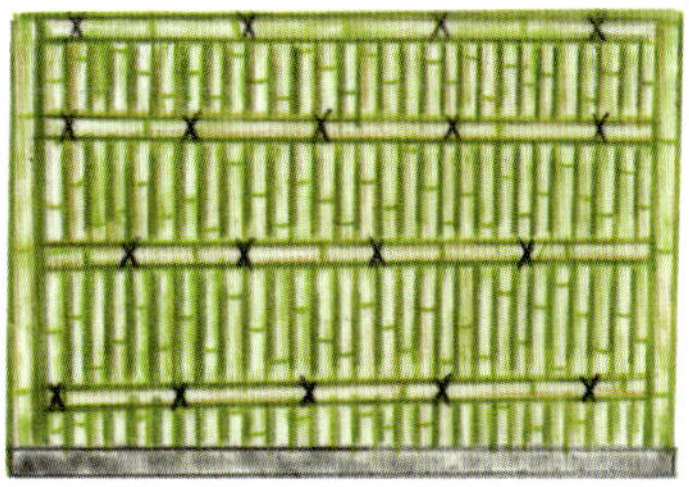
庭の塀《へい》

表から見えない土壁《つちかべ》の芯《しん》は、竹をわら縄《なわ》で編《あ》んで、その上から土を塗《ぬ》ってますぇ

土壁《つちかべ》の芯《しん》

家を泥《どろ》や雨から守る犬矢来《いぬやらい》も竹で作られていますぇ

きれいな曲線やなぁ〜
犬矢来《いぬやらい》

庭のつくばいや竹杓《たけしゃく》や竹杓台《たけしゃくだい》、いけばなの花器《かき》、階段《かいだん》の手すりとか……いろんなものに使われてますなぁ

花器《かき》
階段《かいだん》の手すり
へ〜

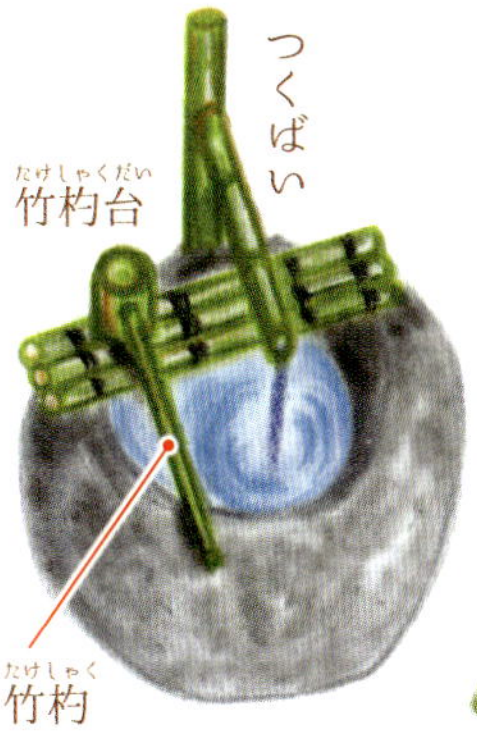
つくばい
竹杓台《たけしゃくだい》
竹杓《たけしゃく》

竹は雨樋《あまどい》のルーツなんやでうまいこと竹と木で作らはりますぇ

今は少なくなってますけど、風情《ふぜい》がありますぇ

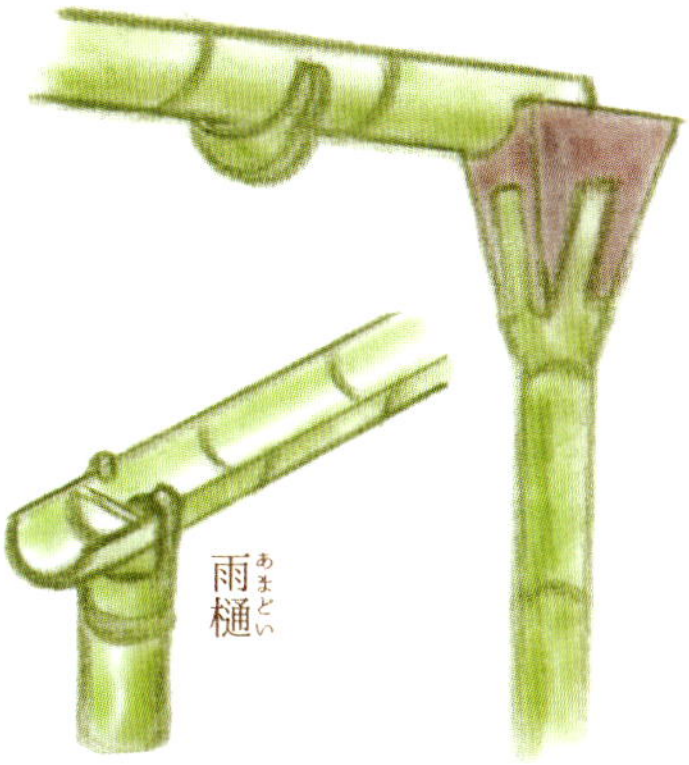
雨樋《あまどい》

ほんで、壊《こわ》れたら大工のくりちゃんに修理《しゅうり》お願いしますぇ〜

へ〜まかしといてや！

自然の色を感じるすまい

あじさいがきれいやなぁ～
6月はあじさい色って感じ！

昔の人は季節に色の名前をつけていたんですよ

えびす小路のまちの医院の
ものしりなドクター

中国の五行説によると、すべては「木《もく》」「火《か》」「土《と》」「金《ごん》」「水《すい》」に当てはめられて、春は「木《もく》」で、色は青、青い春で「青春《せいしゅん》」
青はぼんやりととか、未熟《みじゅく》なという意味

夏は「火《か》」で、色は朱《あか》、朱《あか》い夏で「朱夏《しゅか》」
朱《あか》(赤)は明るいという意味やで

秋は「金《ごん》」で色は白、白い秋で「白秋《はくしゅう》」
白ははっきりとしたという意味なんやて

冬は「水《すい》」で色は玄《くろ》、玄《くろ》い冬で「玄冬《げんとう》」
玄《くろ》はいろんな色を染《そ》めあげた最終の色のことで、物事に熟達《じゅくたつ》したプロを「玄人《くろうと》」というのもそこから来た言葉らしいで

五行の「土《ど》」は黄色で、四季それぞれの最後の約18日間をさし、「土用《どよう》」と呼《よ》ぶんやで

夏の土用《どよう》の丑《うし》が有名やけど四季全部に土用《どよう》があるんやねぇ

自然の色を感じる生活、ええなぁ

建具《たてぐ》を替《か》えて すまいも衣《ころも》替《が》え

夏が近づくと、町家は建具《たてぐ》を夏仕様に変えますぇ

お天気の良い日にふすまや障子《しょうじ》を蔵《くら》にしまって……

簾戸《すど》（葭戸《よしど》ともいう）という琵琶《びわ》湖《こ》の湖岸の葭《よし》で作った夏用の障子《しょうじ》や、ふすまの替《か》わりに部屋の間仕切りに使う御簾《みす》（座敷簾《ざしきすだれ》ともいう）を出してきますぇ

畳《たたみ》の上には網代《あじろ》や籐筵《とむしろ》という籐《とう》でできた敷物《しきもの》を敷《し》きます

縁側《えんがわ》に簾《すだれ》をたらして、日ざしをさえぎりますぇ

昼間でも薄暗《うすぐら》くした部屋で涼《りょう》を感じられますなぁ

こうして、風通しの良い建具《たてぐ》と見た目も涼《すず》しい簾《すだれ》、ひんやりした敷物《しきもの》で、町家は夏を迎《むか》えますのぇ

自然の風とほのかな光

こうやって、
うちにいてでも
自然を感じられて
ええなぁ〜

夕方に水をまくと、
風が吹《ふ》いて、
しゅろちくの葉を揺《ゆ》らして、
さらさらいう音も
ええ感じ……

夏の建具《たてぐ》に替《か》えた町家は
暗さの中に自然の光を
感じますなぁ

昼間でも木陰《こかげ》のように
薄暗《うすぐら》いなかに、
ほのかに庭からの光が
差しこんで、
静かな涼《すず》やかな気持ちに
なれる町家、
落ち着きますなぁ

ととのえるは究極の仕事

お花つんで
きましたぇ～

わぁ～きれい
種類と大きさに分けて
それぞれに合うように
飾《かざ》りまひょ

この戸
しめにくく
なってますぇ
はよ直して
もらわんと

へぇ～
まかしてや～

ス～ッと
動きますぇ
おおきにぃ～

お野菜くれはってん
おいしそう～
泥《どろ》を洗《あろ》うて
葉っぱを
切り落として
何に使うか考えて
おいとくもんや
すぐ使うもん
に分けまひょ

大きさをそろえて切って
おあがりやすぅ

こうやってみると
毎日ととのえるという仕事を
してますなぁ

ととのえることで無駄《むだ》がなく
なったり、使えなくなったも
んがまた長持ちしたり、
感謝《かんしゃ》の気持ちを
あらわして
るんやと
思いますぇ～

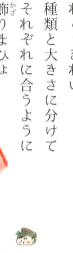

京都の鱧《はも》おいしおすぇ〜

昔から祇園祭《ぎおんまつり》は、鱧祭《はもまつり》とも言われてるのぇ

鱧《はも》がちょうど祇園祭《ぎおんまつり》のころに旬《しゅん》なのと、昔は「担《かつ》ぎ」と言われた行商の人が暑い時季におけに海水を入れて生きたまま運べたのがとても生命力の強い鱧《はも》だけだったので、京の名物になったんやて

えっさ
ほっさ！

「梅雨《つゆ》の雨を飲んでおいしくなる」と言われる鱧《はも》は、梅雨明《つゆあ》けのころに身に脂《あぶら》がのりますぇ

瀬戸内《せとうち》や明石《あかし》から生きたまま運ばれた鱧《はも》は活《い》きが良くておいしおす〜

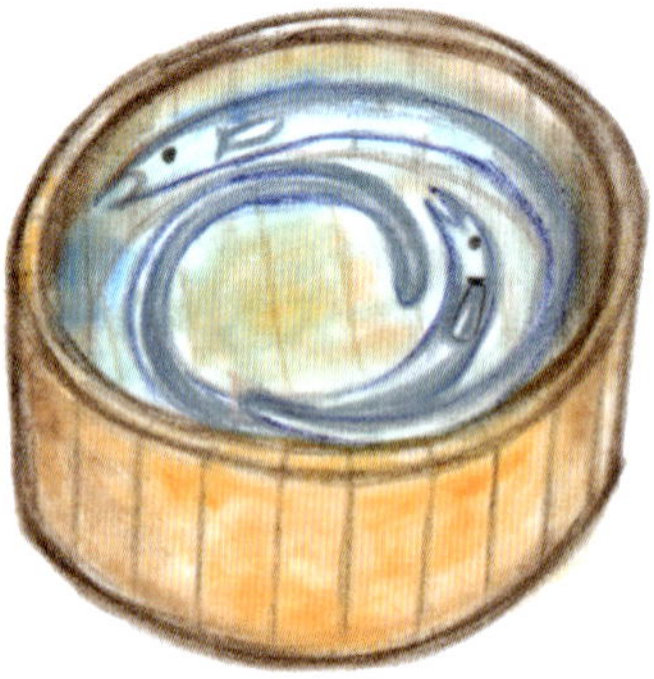

鱧《はも》は小骨《こぼね》の多い魚やから「骨切《ほねき》り」という技術《ぎじゅつ》が京都で発達したんやで
3センチぐらいの身幅《みはば》に24回も包丁《ほうちょう》を入れ、皮は切らずに残す技術《ぎじゅつ》ですのぇ

まかし
といてや〜

骨切《ほねき》りをした切り身は熱湯にさっと通すとふわっと花が咲《さ》いたようになって広がり、見た目も白くきれいやわ〜

冷やした氷にのせて、梅肉やからしをつけていただくと夏の疲《つか》れも吹《ふ》き飛《と》びますぇ

京都へ鱧《はも》食べにおこしやす〜

ふわふわで
おいしおすぇ

お町内のちょういえ

お町内には町家《ちょういえ》と呼《よ》ばれる集会所がありますぇ

江戸《えど》時代には会所《かいしょ》と呼《よ》ばれてたんやて

地蔵盆《じぞうぼん》をしたり……

お祭りの道具をしまったり、火消しの道具を置《お》いたり、みんなで集まったりする、コミュニティーセンターやねぇ

結婚式《けっこんしき》のようなお祝いごとにも使えますぇ

そやけど新郎《しんろう》さんの顔《かお》が思《おも》い浮《う》かばへんなぁ～

うちも……おほほほ……

しつらえということ

町家には商いをする
「みせの間」
食事をする「だいどこ」
お客さんを迎《むか》えたり、
寝室《しんしつ》になる「奥《おく》の間《ま》」が
ありますぇ

各部屋の間仕切りのふすまや
障子《しょうじ》をはずすと、大広間に
なって、仕出し屋さんで
お料理をとって宴会《えんかい》も
できますなぁ

床《とこ》の間《ま》は季節ごとに飾《かざ》りを変
えて、庭の花や草をいけますぇ

9月9日は重陽《ちょうよう》の節句《せっく》やから
菊《きく》の花を飾《かざ》っていますのぇ

ちゃぶ台や寝具《しんぐ》は
押《お》し入れに片付《かたづ》けて
季節ごとの行事に必要な
ものは蔵《くら》にしまって
ありますぇ

一つの空間を何通りにも
使い分けるということが
しつらえなんやねぇ

小豆《あずき》を食べて厄《やく》ばらい

小豆《あずき》の赤い色は
厄《やく》をはらう色といわれていて、
毎月1日と15日に食べると
いいねんて

これは今の季節は「おはぎ」
同じもんでも春は
「ぼたもち」と言いますなぁ

秋は萩《はぎ》の花、春は牡丹《ぼたん》の花に
ちなんでいるのぇ
あまり知られてへんけど、
夏は「夜船《よふね》」、冬は「北窓《きたまど》」と
いう名前もついているのやて

おはぎはもち米をあんまり
搗《つ》かなくてもできることから、
「いつ着いた（搗《つ》いた）かわか
らない」→「夜の船」→「夜《よ》
船《ふね》」
「搗《つ》かない」→「つきがない」
→「月がない」→「月が見え
ないのは北の窓」→「北窓《きたまど》」
やねんて、シャレやなぁ

ぼたもち（牡丹《ぼたん》）　おはぎ（萩《はぎ》）
夜船《よふね》　北窓《きたまど》

厄年《やくどし》には小豆《あずき》を使ったお料理
を年の数だけふるまったら
厄《やく》ばらいできるんやて

うちら厄年《やくどし》やしおぜんざい
つくりまひょ

おいしいおぜんざい
たくさんのひとに
食べてもらいまひょ

あっ、でも、そんなに
たくさんと違《ちが》いますぇ〜（笑）

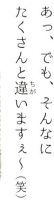

せぬひま

庭の金木犀《きんもくせい》がええ香《かお》り
用事でいそがしかってでも
いつのまにか縁側《えんがわ》でぼーっと
してることがありますやろ

そういうのを「せぬひま」っ
ていうねんて
何もしないぽっとあいた時間
がすごく貴重《きちょう》で、目先ばかり
に追われていたのが遠くを
見ることができるようになる
のぇ

ぼーっとしていたら急に何か
ひらめいたり、頭が整理され
たりすることありますなぁ

あの着物の布《ぬの》でお茶会のお懐紙《かいし》入れ作ったらどおでっしゃろ？

着物とおそろいで喜ばはるやろなぁ～

うちはこうやってちょっと
縁側《えんがわ》でお昼寝《ひるね》すると
頭がさえますぇ～
ほな、ちょっと……

お豆さん、ほんなら今晩《こんばん》の
おかずひらめいてやぁ
あっもう寝《ね》てはるわ（笑）

京都のいろ

古来、色は青、白、赤(朱《あか》)、黒(玄《くろ》)の四つで、平安京に都を移《うつ》すときにも東西南北の四《し》神《じん》に色の名前をつけてるのぇ

東は青龍《せいりゅう》、西は白虎《びゃっこ》、南は朱雀《すざく》、北は玄武《げんぶ》
色は大切なものやねんなぁ

その土地の色もありますなぁ
昔ながらの家づくりには、その土地の木、土、竹、紙、わら、水などを使ってたから、自然とその土地の色になってたんやろなぁ

日本で最初にパステルを作った京都の会社の京色パステルという商品の各色には「京町家の佇《たたず》まい」、「雨上がりの糺《ただす》の森」「渡月橋《とげつきょう》の朝靄《もや》」、「祇園囃子《ぎおんばやし》」など風情《ふぜい》のある名前がついてますぇ

うちらも
京の町を散歩して
お気に入りの色、
みつけまひょ〜

人間のやりかたに 学んだ家

ちょっとのどが痛《いた》いわ～

しょうが湯つくったし、
あったかくしてはよ寝《ね》よし

ちょっとしんどくなったら
早めに治すことが大事ぇ
家も具合が悪くなったら
すぐに大工のくりちゃんに
直してもらいますぇ

くりちゃん
よろしゅうに～
へぇ～
まかしといてやぁ

すごく嫌《いや》なことがあっても
「なぁなぁ、こんなことが
あってん」って聞いてもろた
らスーッと
しますぇ

家も昔ながらの建物は、柱が
ひとつ石の上に乗っているだ
けやし、大きな地震《じしん》の時には
飛び上がってエネルギーを
逃《に》がしますぇ

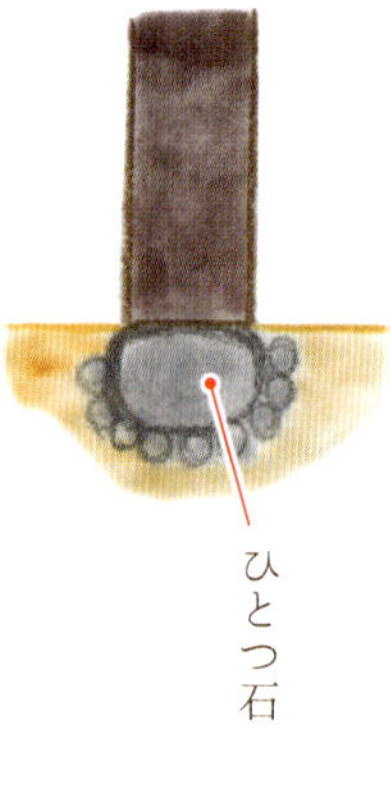
ひとつ石

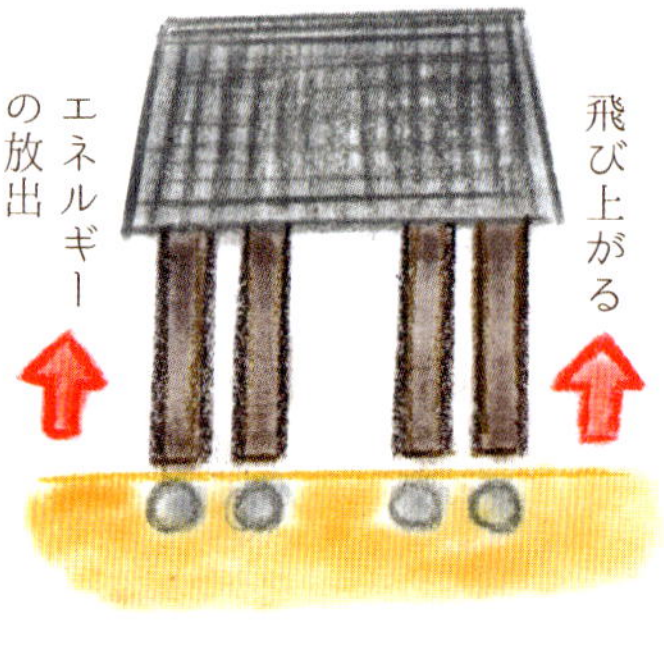
飛び上がる
エネルギーの放出

人も建物も
内にためこ
まへんことが
大切なんや
ねぇ～

火と音とことばのおまもり

えびす小路のお米屋《こめや》さんのちょんまげくんとお多福《たふく》さんはとっても仲の良いご夫婦《ふうふ》です
お多福《たふく》さんはちょんまげくんが配達の時に必ず火打石《ひうちいし》で切り火をして送り出します

こうすると
守ってくれはるのぇ

火打石《ひうちいし》で火花を起こすことを切り火と言って、お祓《はら》いの意味がありますのぇ
カチカチという音だけでも厄《やく》よけになるそうですぇ

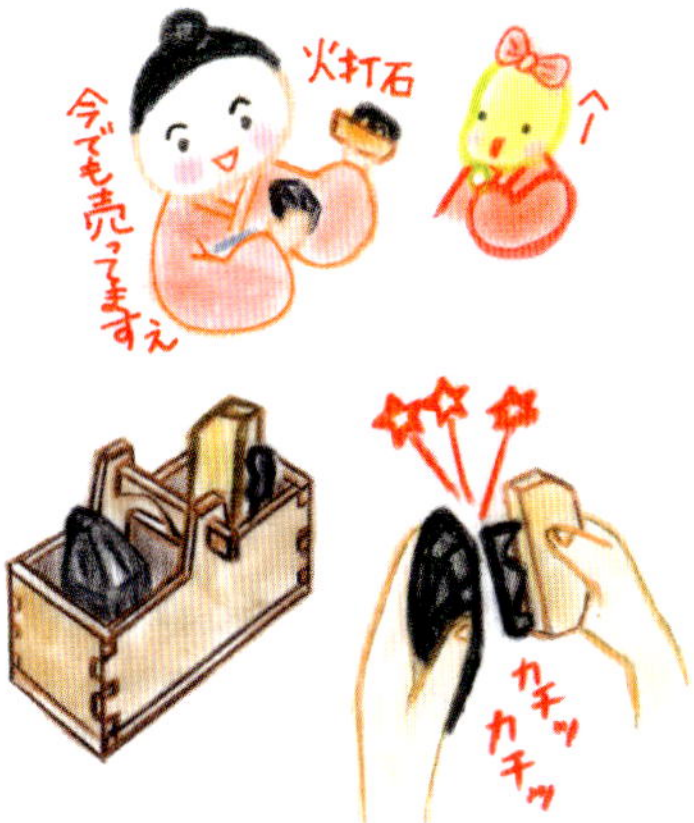
今でも売ってますぇ
火打石
へー
カチッ
カチッ

火打石《ひうちいし》なくても、背中《せなか》をトントンとして、「気ぃつけなはれ～　お早うおかえり」と言って送り出すと、その言霊《ことだま》が守ってくれますのぇ

トン
トン
気ぃつけなはれ

気ぃつけなはれ～
気ぃつけなはれ～
気ぃつけなはれ～
気ぃつけなはれ～
へー

福ねこさんお出かけ？

お豆さん、火打石《ひうちいし》買うてきたん？

そうやねん
これからこうやって送り出しますぇ～

カチ
カチ
火打石！
へー
気ぃつけて！

うち、ちょっと
そこまで行くだけ
やねんけど……
なんか福ねこさん
守られてはるわぁ

お掃除《そうじ》の豆知識《まめちしき》①

もう師走《しわす》やなぁ〜
はよおすなぁ

大掃除《おおそうじ》の時期やから
うちがやってることを
ちょっと教えますぇ

お豆さんの「豆知識《まめちしき》」やね

ほな、お掃除《そうじ》には
はたきが必需品《ひつじゅひん》やから、
はたき作ってみまひょ♪

はたきの作り方

❶ 50センチぐらいの細い竹を用意しますぇ

❷ はしから3センチぐらいのところに輪ゴムを3本ぐらいぐるぐるまきにします

❸ はば4センチ、長さ1メートルぐらいの布《ぬの》を6枚用意しますぇ
できたら絹《きぬ》が静電気が起きないので最適《さいてき》ですなぁ

❹ 布《ぬの》を放射状《ほうしゃじょう》に置きます
その真ん中に竹を置いて輪ゴムがかくれるところでひもで結びます

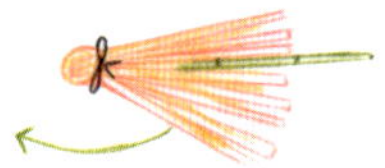

❺ 結んだ布《ぬの》を反対側でもう一度結びます

❻ 完成ですぇ♪

窓《まど》の掃除《そうじ》しまひょ♪
①はじめにはたきでほこりをはらってから
②ぬるま湯につけてかたくしぼった雑巾《ぞうきん》でふいた後、
③湿《しめ》り気《け》があるうちに乾《かわ》いた新聞紙で円を描《えが》くようにふきますぇ

新聞紙のインクのワックス効果《こうか》でピカピカになりますぇ

木の床《ゆか》やたたきは
古新聞を水でぬらして、よくしぼって
小さくちぎって、まいて、ほうきで
掃《は》きますぇ

茶ガラを
しぼって
まいてもええなぁ

お掃除《そうじ》
したら
さっぱり
しますなぁ

お掃除《そうじ》の豆知識《まめちしき》②

敷居《しきい》のすべりが悪なったらロウを塗《ぬ》ったり、卵《たまご》の殻《から》をガーゼで包んで霧吹《きりふ》きでしめらせて、こすったらええのぇ

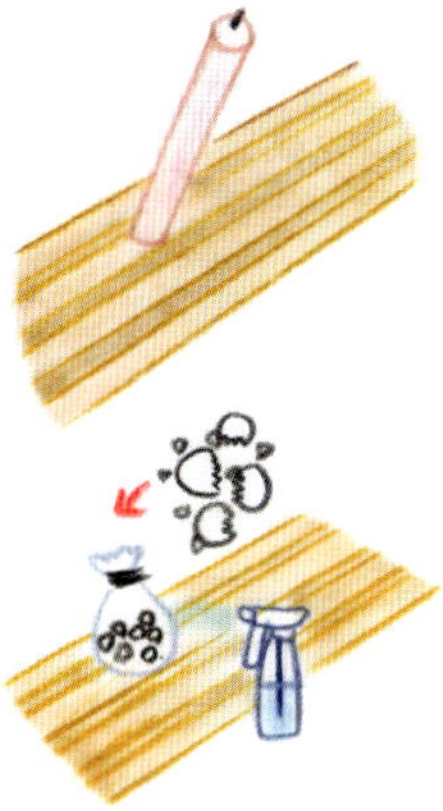

背《せ》の高い水屋《みずや》の上には新聞紙を置いておいて、ひと月ごととか決めて取りかえたらほこりがつかへんぇ

同じようにすきまには段《だん》ボールをはさんで交換《こうかん》しますぇ
押《お》し入れには、炭を入れると、湿気《しっけ》も臭《にお》いもとれますぇ

障子《しょうじ》の掃除《そうじ》は、はたきがええなぁ
障子《しょうじ》の桟《さん》は水ぶきしたらあかんぇ

障子《しょうじ》が黄ばんでいるときは大根おろしの液《えき》を塗《ぬ》ると白くなって、丈夫《じょうぶ》にもなるのぇ

畳《たたみ》がへこんだら、かたくしぼった雑巾《ぞうきん》をへこみの上にあてて、その上からアイロンをあてると元にもどりますぇ

畳《たたみ》にお茶などをこぼしたら、水で薄《うす》めた中性洗剤《ちゅうせいせんざい》を雑巾《ぞうきん》につけてかたくしぼり、畳《たたみ》の目にそってこすって、ドライヤーで素早《すばや》く乾《かわ》かしてシミにしないようにね〜

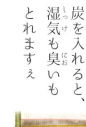

お掃除《そうじ》の豆知識《まめちしき》③

お料理して残ったお野菜のへたとか捨てるのもったいないわぁ

うちがやってること、教えまひょ

「豆知識《まめちしき》」やのうて「福知識《ふくちしき》」やなぁ

お米のとぎ汁《じる》は食器洗《あら》いにつこたらええのぇ

大根のへたは、シンクをみがいたり、山芋《やまいも》をすったあとのおろし金のねばりをとったりできますぇ

野菜くずですりこぎのみぞの汚《よご》れがとれますぇ

茶ガラは洗《あら》ったまな板の上に広げて1時間ぐらい置いてから水洗《あら》いしたら、まな板のくさみがとれて、抗菌《こうきん》作用もありますぇ

ミカンの皮4個《こ》分と水400ccをなべで煮《に》つめてザルでこして、スプレーの入れ物に入れたらお風呂《ふろ》の洗剤《せんざい》や家具の汚《よご》れ取りになりますぇ

ジャガイモのゆで汁《じる》に銀食器をつけておけばピカピカに

ジャガイモの皮でグラスをこすればピカピカに

曲がったほうきは塩水に2時間ぐらいつけて陰干《かげぼ》しにしたら直りますぇ

ちりとりにロウをぬると汚《よご》れがつきにくくなるのぇ

おなべにふきん2〜3枚、水、卵《たまご》の殻《から》4個《こ》を入れて強火でぐつぐつ10分間煮立《にた》たせるとふきんが白くなりますぇ

知ってたらお得やねぇ

きれいになってええよー

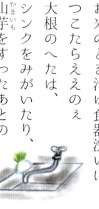

ご用《よう》聞《き》きさんで毎日大助かり

一軒《いっけん》ずつお得意さんを
まわって必要なものを聞いて、
あとで品物を届《とど》ける商法が
ご用《よう》聞《き》きです
えびす小路には今でもいろん
なご用《よう》聞《き》きさんが来はりま
すぇ

八百屋さん
旬《しゅん》の野菜やくだもの

和菓子《わがし》屋さん
季節の行事に合わせたお菓子《かし》

酒屋さん
お酒、みりん、油など

魚屋の源《げん》さんも毎日、活《い》きの
良い魚を教えてくれます

新鮮《しんせん》ないわしがぎょうさん
入ったさかい、しょうがと煮付《につ》け
はったらよろしいで〜
ほな、しょうがも一緒《いっしょ》に
持って来てくれはる？

まいどおおきにぃ〜
いわしとしょうがを
持って来ましたぇ〜

おおきにぃ〜
おいしそうな
いわしやねぇ〜

ご用《よう》聞《き》きさんは家のことを
よう知ってはるさかいに
必要な時に来てくれて
ほんま助かりますぇ

いわしのしょうが煮《に》、
おいしそう〜
いつも新鮮《しんせん》な
お魚いただけて
うれしおすなぁ

便利なご用《よう》聞《き》きさんと仕出し屋さん

京都では昔からその家ごとにご用《よう》聞《き》きさんがまわってくれて注文をとってくれはったなぁ

魚屋さんや八百屋さんは、その日の夕食の準備《じゅんび》をする時間を見計らって持って来てくれはるので新鮮《しんせん》なものをいただけてありがたいし、

大八車で遠くからめずらしい特産品を運んで来てくださったり、おまんじゅう屋さんが季節の行事のお菓子《かし》を人数分持って来てくれはったりほんまに便利やなぁ

それと、かしこまった日には仕出しをようとりますなぁその家その家のおきまりの仕出し屋さんがあって、注文したら配達してくれはるし、好みもわかってもらえてるのはうれしいぇ

おつゆは温められるようになっていて、時間通りに運んでもらえて、ハレの日の食卓《しょくたく》が豪華《ごうか》になりますぇ

いつまでも残ってほしい文化やね

火袋《ひぶくろ》の梁《はり》のすすはらい

昔、うちのおばあちゃんが暮《く》れの火袋《ひぶくろ》のすすはらいは大変やけど楽しかったなぁって言ってはったぇ

昔は奉公人《ほうこうにん》さんもぎょうさんやはったから大がかりにできたんやねぇ

家に出入りの植木屋さんが朝はようにお弟子さんとやってきて、太い梁《はり》に長いはしごをかけて身軽にスルスルと登って真っ黒のすすをはたきで隅《すみ》から隅《すみ》まではらい落とすのぇ

植木屋さんが梁《はり》からバケツのついたつなを下に下ろすと、下でしぼった雑巾《ぞうきん》を入れるんやて
その雑巾《ぞうきん》で梁《はり》をふき、汚《よご》れた雑巾《ぞうきん》は新しいのに変えて、隅《すみ》まできれいにふきますぇ

その日の夕食はごちそうで、仕出し屋さんからぶりの照り焼きをとり、大根なますにこんにゃくの煮付《につ》けに、お酒も一本つけて、金一封《きんいっぷう》のご祝儀《しゅうぎ》を渡《わた》すんやて

みんなで仕事して、おいしいもん食べて、いそがしいけど楽しい暮《く》れやなぁ

居《い》ごこちのええすまい

外は寒いけど、部屋の中やと
日ざしがあたたかおすなぁ

雪見障子《ゆきみしょうじ》で外がよぉ
見えますぇ

うち、どんな家が居《い》ごこち
ええか考えててん

へ～どんな？

のんびり
しててなぁ
親しみが
あって

木がすべすべしてて

薄暗《うすぐら》い隅《すみ》っこがあって
あたたかいこたつや
火鉢《ひばち》があって
台所からおいしい
においがしてくる

お餅《もち》が焼けたから
おぜんざいたべまひょ

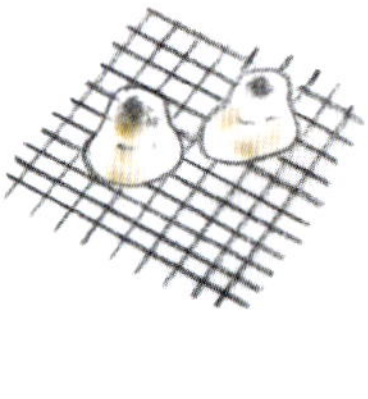

家で漬《つ》けた
お漬《つ》けもんも
ありますぇ～

ほんまに
居《い》ごこち
よろしおす
なぁ～

大切に使いきる知恵《ちえ》

うちの家では冬に火鉢《ひばち》が
重宝《ちょうほう》してますぇ
あたたかいし、
お餅《もち》も焼ける
しなぁ

火鉢《ひばち》の炭や、
おくどさんの薪《まき》から出た灰《はい》も
捨《す》てるとこおへんぇ

山菜のあくをとったり、
細かくふるいにかけて食器洗《しょっきあら》
いに使ったり庭にまいても
土が元気になりますぇ

灰《はい》はアルカリでミネラルも
あるねんて

江戸《えど》時代には「灰屋《はいや》」という
お商売があって、「灰買人《はいかいにん》」
さんが集めてまわったはった
んやて

その他にも不用品を再利用《さいりよう》す
る回収《かいしゅう》業者さんがいっぱい
やはって、捨《す》てるものがない
循環社会《じゅんかんしゃかい》やったんやなぁ

うちらも、火鉢《ひばち》のよぉ燃《も》えて
る豆炭《まめたん》を豆炭《まめたん》あんかに入れと
いたら、ほかほかのおふとん
で気持ちよく寝《ね》られますぇ
ほんで、出た灰《はい》はまた使いま
すぇ
ほな、おやすみやすぅ

お日さまで体内時計調節

昔から1日は24時間として、2時間ずつ十二支《じゅうにし》に当てはめられてきたんぇ

24
時間
夜の12時
子（ね）
夜中の2時
丑（うし）
夜中の4時
寅（とら）
明け方の6時
卯（う）
朝の8時
辰（たつ）
朝の10時
巳（み）
昼の12時
午（うま）
昼の2時
未（ひつじ）
昼の4時
申（さる）
夕方の6時
酉（とり）
夜の8時
戌（いぬ）
夜の10時
亥（い）

でも、生きてるもんには「体内時計」っていう時計があって、それがだいたい25時間なんでほってておくと、少しずつずれてしまいますのぇ

どっちも体内時計がありまっせ
単細胞《たんさいぼう》
（ゾウリムシなど）
25
時間
多細胞《たさいぼう》
（人間も）
夜ふかしや朝ねぼうでずれていく

生活のリズムがずれても、朝にお日さんの光をあびたら体内時計がリセットされて目が覚めますぇ

ええお天気～

そして、目が覚めた15時間後に自然に眠《ねむ》くなるように体内時計がなってますのぇ

自然と一緒《いっしょ》に暮《く》らしてる町家やと体内時計もうまいこと調節されてええみたい今日もおやつがおいしおす～

おぜんざいどうぞ～
おおきにい～

春は 東風《ひがしかぜ》から

梅も咲《さ》いてるし
もう春やなぁ～

風もあたたかなって
気持ちええねぇ

東西南北それぞれの方角には
方神《かたのかみ》さまがおられるんやて

東の神様
青龍《せいりゅう》
青龍《せいりゅう》は春をもたらし青春《せいしゅん》
北の神様
玄武《げんぶ》
玄武《げんぶ》は冬をもたらし玄冬《げんとう》
南の神様
朱雀《すざく》
朱雀《すざく》は夏をもたらし朱夏《しゅか》
西の神様
白虎《びゃっこ》
白虎《びゃっこ》は秋をもたらし白秋《はくしゅう》

方神さまは鳳《おおとり》で風を起こして
神意を伝えるんやて
青龍《せいりゅう》があたたかい
風を運んで
来て春に
なるんやなぁ

つくしがもう
出てるわ～
春本番やねぇ

べんがら　塗《ぬ》ってみまひょ

町家で使われてるべんがら（紅殻）は今でも売っていて、自分で塗《ぬ》ることができますのぇ

自然素材《そざい》やからアレルギーもおこらへんし、においもほとんどないのぇ

墨
べんがら
布
油
入れ物

材料はべんがらと墨《すみ》（松煙《しょうえん》や墨汁《ぼくじゅう》）と油と古い布《ぬの》ですぇ

べんがらを容器《ようき》に入れて、少しずつ水をまぜて、とろとろになったら、墨《すみ》を少しずつまぜますぇ

べんがらは鉄のさびやから赤いし、墨《すみ》で好みの色にしますのぇ

まず容器《ようき》にべんがらを入れて、
水を少しずつ入れます
その上に墨《すみ》を色を考えながら少しずつ入れます

好みの色ができたら、ボロ布《ぬの》やはけで木に塗《ぬ》りますぇ

しみこませるように塗《ぬ》れたらしばらく置いてからボロ布《ぬの》でふき取ります

2回ぐらいくりかえしますぇ

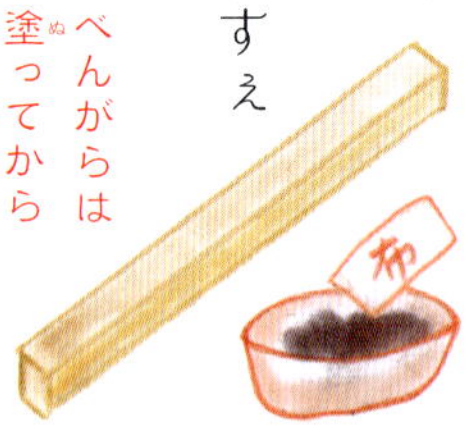
布

べんがらは塗《ぬ》ってから日が経《た》つとだんだん色が黒くなるのでそれも考えもって

仕上げは油を塗《ぬ》って、しばらく待ってから表面をふき取ったら完成～

油はなたね油を使うことが多いですぇ

やってみてね！

ええ色！

油

べんがらは防虫《ぼうちゅう》、防《ぼう》カビ効果《こうか》がありまっせ

油は半年に1回ぐらい塗《ぬ》り直《なお》したら効果《こうか》が長持ちしますぇ～

太古の恵《めぐ》み べんがら

太古の昔（35億年から27億年前ごろ）、海のなかに最初の光合成をする生物、シアノバクテリアが現《あらわ》れたらしいぇ

光合成でできた酸素《さんそ》でうちらも暮《く》らせるのやなぁ

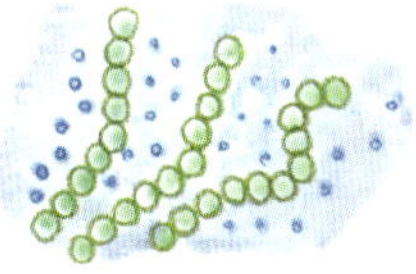

シアノバクテリア

35億から27億年前ごろの地球

20億年前ごろの地球

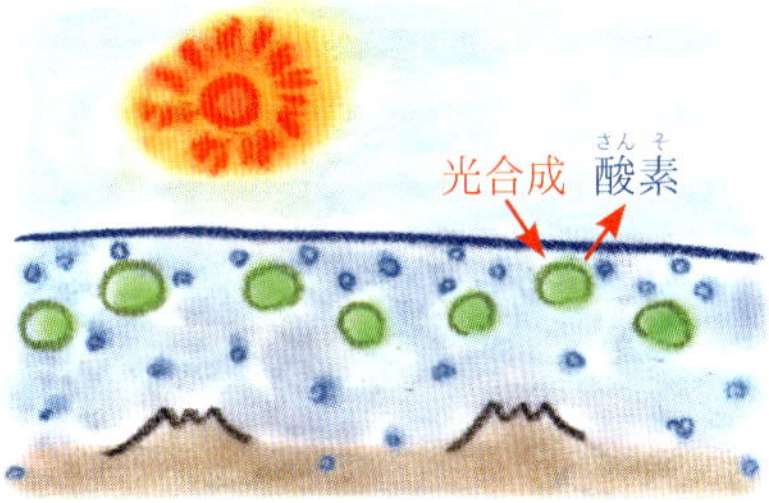

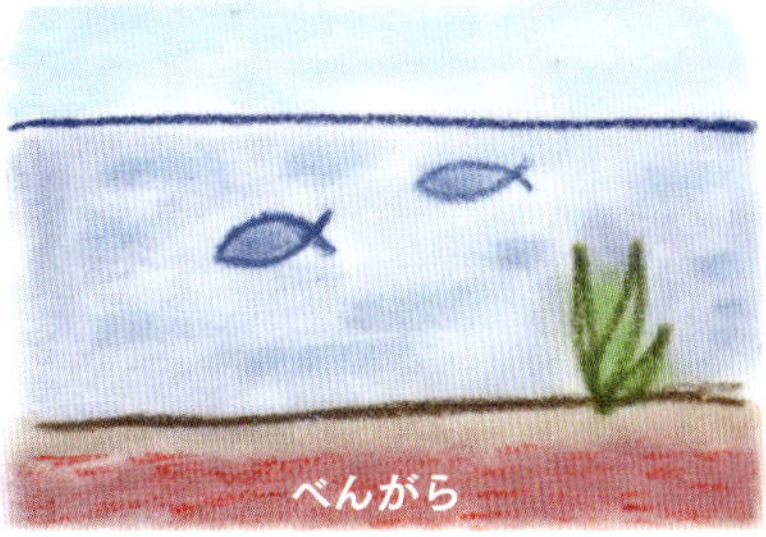

シアノバクテリアが光合成で作った酸素《さんそ》と海水の鉄イオンが結びついて酸化《さんか》された鉄が赤さびになって海底に沈《しず》んだんやて

それがべんがらになったそうやで

太古から自然にゆっくりとできたべんがらは、町家を建てる時に木に塗《ぬ》ると、防腐《ぼうふ》、防虫《ぼうちゅう》作用がありますのぇ

べんがらは水で溶《と》き、松煙《しょうえん》や墨汁《ぼくじゅう》とまぜて好きな色にして塗《ぬ》り、上から油をすりこみますぇ

町家の落ち着いた風情《ふぜい》にはべんがらが海底に沈《しず》んでいた太古の記憶《きおく》が一役かっているのかもしれへんなぁ

障子《しょうじ》張《は》りかえまひょ〜

障子《しょうじ》そろそろ張《は》りかえなあきまへんなぁ〜

障子《しょうじ》の紙と、のりを入れたたらいと、水を入れたバケツと、はけと定規《じょうぎ》とカッターナイフと霧吹《きりふ》きとマスキングテープを用意しますぇ

障子《しょうじ》の紙の上から水に濡《ぬ》らしたはけで枠《わく》と桟《さん》をしめらせて、端《はし》から紙をはがしますぇ

紙をはる桟《さん》と枠《わく》に水で薄《うす》めたのりをはけで塗《ぬ》っていきますぇ 桟《さん》から塗《ぬ》って、枠《わく》はあとからするほうがしやすいぇ

こうやって大きい机《つくえ》の上でするとしやすいなぁ

紙をはるときは、端《はし》をマスキングテープでとめておくとずれへんぇ

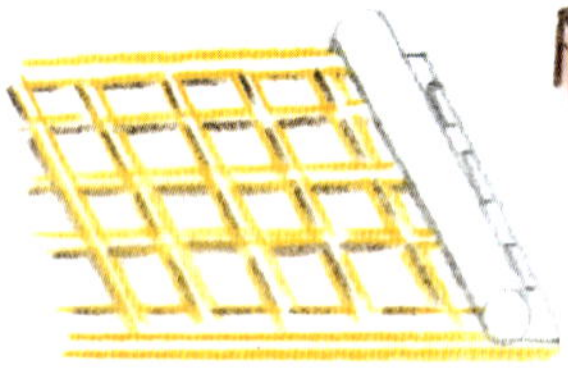

上から順番にはっていきまひょ

紙をはれたら、端《はし》を定規《じょうぎ》とカッターナイフでそろえますぇ

障子《しょうじ》用カット定規《じょうぎ》を使うと簡単《かんたん》！

紙が乾《かわ》きかけのときに霧吹《きりふ》きを全体に吹《ふ》き付《つ》けたら、乾《かわ》いたときにピーンとするのぇ

きれいな障子《しょうじ》で部屋が明るくなりますなぁ

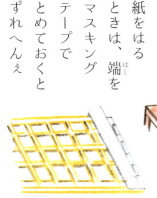

お天道《てんとう》さまの法則《ほうそく》

お天道《てんとう》さまの法則《ほうそく》って
知ってはる？
お天道《てんとう》さまのエネルギーが
いろんなもんをうみだして
くれてますやろ

それを使わせてもろてるんや
からせめて次にできるまでの
間は大切にしまひょということ
なんやて

70年の樹齢《じゅれい》の木で家を建てた
ら70年は住まんとなぁ

神社や社寺で使われる千年の
樹齢《じゅれい》の木は千年活《い》かされてい
るとこが多いぇ

家を作る素材《そざい》も、藁《わら》や竹は1
年で育つので毎年交換《こうかん》してお
手入れしたらええ素材《そざい》やねぇ

紙は楮《こうぞ》が3年ぐらいで育つの
で3年は使いまひょ

土は何万年もかかってできる
さかい土壁《つちかべ》とかぱらぱら落ち
てきても、それを集めて水で
練って塗《ぬ》り直《なお》したら何回でも
使えるぇ
竹はそのままやとすぐに色も
変わるしいたむけど、
土でくるむと元の状態《じょうたい》が長く
もちますのぇ

土壁《つちかべ》の下地に最適《さいてき》やねぇ
昔ながらの素材《そざい》を大切に使わ
せてもらうことが自然への
礼儀《れいぎ》なんやねぇ

自然からの いただきもの

昔は、家を建てる木も
お施主《せしゅ》さんのご意向を聞いて、
大工さんと材木屋さんが山に
見に行って、木を切って
ねかして4年から5年かけて
建ててはったんぇ

選んだ木は、切《き》り倒《たお》して葉が
ついたまま「葉枯《はが》らし」という
方法で乾燥《かんそう》させはるのぇ
葉をつけたまま置いておくこ
とで木の中の水分が葉から
均等《きんとう》に蒸発《じょうはつ》するのぇ

色、つや、
香《かお》りも良く
なるんやて

百年かけて育った
木は、百年以上大切に使わせ
てもらわななぁ

木のほかにも、地元の土や、
藁《わら》や和紙や竹などを使って、
じっくり時間をかけてその
土地になじむ建物を
建ててはってんなぁ

うちらも受《う》け継《つ》いだこの町家
を大切にお手入れして長く
住まわせてもらいまひょ
おおきにの気持ちやねぇ

人も家も 里山的がええなぁ

里山って人の住む人工の「里」と自然の「山」の中間なんやねぇ

段々畑《だんだんばたけ》も曲線がきれいやし、里山の景色って落ち着きますなぁ

里山は自然をうやまいながら、少し「手入れ」をして、自然から恵《めぐ》みをいただきますやろ
自然もそのままより生態系《せいたいけい》が豊《ゆた》かになっているんやて

人と自然の共存《きょうぞん》やねぇ

うちらも体が自然やとしたら、自分の思いは自分で作り出してるから人工なのかも

体という自然をお手入れして、自分の思いとバランスをとるというのが里山的やねぇ

家も自然のものでできていて、縁側《えんがわ》や前栽《せんざい》とか自然を感じられる町家は、自然と人工のバランスをうまくとっていて里山的やなぁ

自然との対話で心が元気になる気がしますなぁ

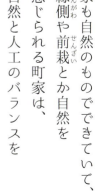

第3部　行事あれこれ

結び目に神が宿る

明けまして
おめでとうございます
今年もよろしゅう
お願いします

お正月にいただく大福茶《おおぶくちゃ》、小梅と一緒《いっしょ》に結《むす》び昆布《こんぶ》を入れて、おいしおすなぁ〜

古来日本では「結び目に神が宿る」って言われてますぇ

お正月の結《むす》び昆布《こんぶ》や注連縄《しめなわ》、ものを贈《おく》る時の水引《みずひき》も全部結んでますなぁ

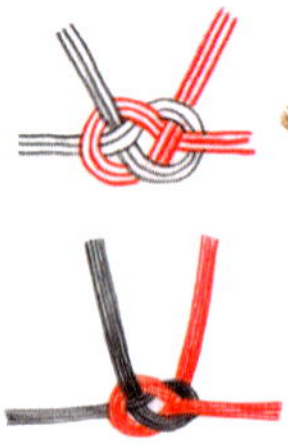

いつも着てる着物もいくつもの結びで着ることで、神様をいっぱい宿してるんやで〜

神事の意味合いがあるお相撲《すもう》もおすもうさんの髷《まげ》と締《し》めこみに結びがあって、神様がやはるなぁ

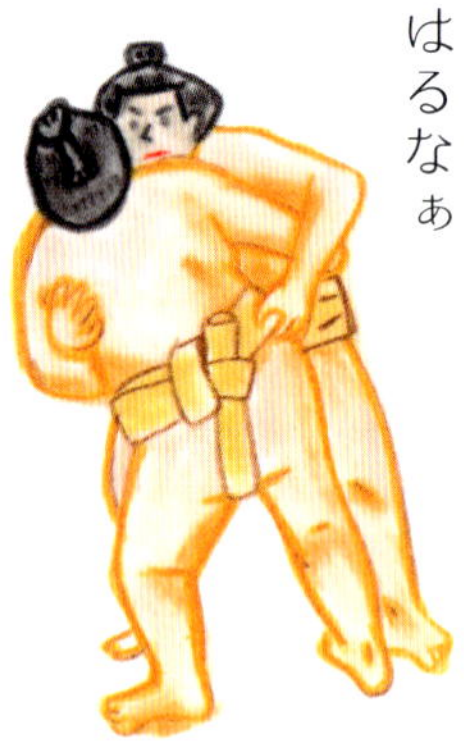

そういえば、婚約者《こんやくしゃ》のことを「許嫁《いいなずけ》」っていうのは、昔は婚約者《こんやくしゃ》の女性に藁《わら》で作った縄《なわ》を結んで持っていった「結《ゆ》い縄《なわ》付け」が元やっていう説もあるねんて〜

今年はうちらにも「結《ゆ》い縄《なわ》」だれか持ってきてくれへんかなぁ〜

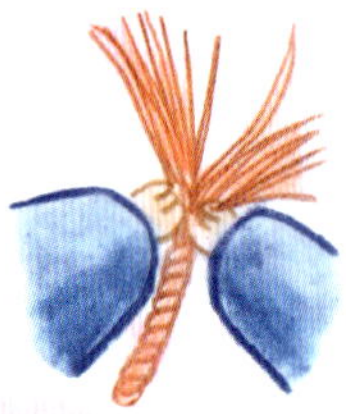

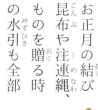

無病息災《むびょうそくさい》を願う 七草がゆ

今日は「七日正月」やなぁ
七草がゆを食べて
無病息災《むびょうそくさい》を願う日でっしゃろ

昔、中国でお正月の
1日に鶏《にわとり》、2日に犬、
3日に羊、4日にいのしし、

5日に牛、6日に馬の順に
運勢《うんせい》を占って、7日目に人の
運勢《うんせい》を占い、「七種菜羹《ななしゅさいのかん》」を
食べたのが始まりやそうやで

七草の「せり、なずな、
ごぎょう、はこべら、ほとけ
のざ、すずな、すずしろ」を
用意して……

※七種菜羹（ななしゅさいのかん、しちしゅさいこう…七草がゆのこと）

きざむ時に
「七草はやし」を唱えて
まな板の上で大きな音を
たてると縁起《えんぎ》が良いと
言われていますのぇ

♪ななくさ なーずな
唐土《とうど》の鳥が 日本の国へ
渡《わた》らぬ先に♪
ストトントントン♪

京の節分お化け

2月3日の節分には朝からお豆を煎《い》って、神棚《かみだな》にお供《そな》えしますぇ

季節の変わり目に邪気《じゃき》が生じるので、魔《ま》の目（魔目《まめ》）に豆を投げて、魔《ま》を滅《めっ》する（魔滅《まめ》）ねんで

うちらのとこには「厄《やく》はらいまひょ～厄《やく》ばらい～」というて、厄《やく》ばらいさんが来てくれはりますぇ

口上《こうじょう》が楽しおすなぁ

江戸《えど》時代から京都では「節分お化け」という習慣《しゅうかん》があって、節分の夜に「立春前夜の厄《やく》ばらい」で、仮装《かそう》をして鬼《おに》の目をだますんやて

今でも花街《かがい》のお座敷《ざしき》ではやってはりますのぇ

お座敷《ざしき》からお座敷《ざしき》に行かはる時にばったり会えるかもしれんねぇ

や～やはるわぁ～

お化けっていうでも美しいお化けやねぇ

鬼《おに》も喜んではるんとちゃうやろか

京の節分 四方《よも》まいり

今年も節分に四方《よも》まいりに
いきまひょか

年の初めの
邪気《じゃき》ばらい
やから行かな
あかんなぁ〜

2月2日の
夕刻《ゆうこく》に御所《ごしょ》の
鬼門《きもん》を守る吉田《よしだ》神社に鬼《おに》が出
て、修験者《しゅげんじゃ》に追われますぇ

その後、八坂《やさか》神社、御所《ごしょ》の
裏鬼門《うらきもん》を守る壬生寺《みぶでら》に行き、
北野天満宮で封《ふう》じこめられま
すぇ

節分の鬼《おに》は退治《たいじ》されて福鬼《ふくおに》に
なって福をもたらすのぇ

2月2日、3日 **北東の鬼門《きもん》 吉田《よしだ》神社**

鬼出現《おにしゅつげん》！

3日 **北西の 北野天満宮**

狂言《きょうげん》と豆まきで封《ふう》じこめる

北
西 4 東
南

御所《ごしょ》

2日、3日 **南東の 八坂《やさか》神社**

舞妓《まいこ》はん芸妓《げいこ》はんの豆まき

2日、3日 **南西の裏鬼門《うらきもん》 壬生寺《みぶでら》**

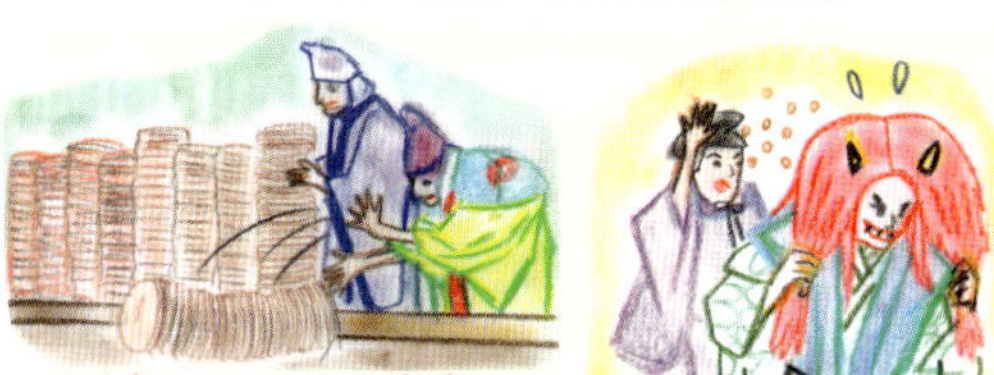

狂言《きょうげん》とほうらく奉納《ほうのう》

4月の狂言《きょうげん》でほうらくを
割《わ》って厄《やく》を落とす

福ねこと
お豆で
福豆！

威勢《いせい》のよい豆まきで
今年も福をいっぱい
もらいまひょ〜

祈《いの》りのこもった おひな祭り

今日はひな祭り
うちらも飾《かざ》ってますぇ
うりざね顔は京都らしおす

「ひな」はもともと
「ひいな」という言葉で、
小さくてかわいらしいという
意味やそうやで

昔は人形《ひとがた》に自分の身代わりに
なってもろて、水に流して
厄《やく》をはらっていたんやねぇ

うちらの代わりにけがれを
お清めくださいませ

江戸《えど》時代にきれいなおひなさま
を飾《かざ》る習慣《しゅうかん》が広まったらしいぇ

そやけど、京びなと関東びな
ではお内裏《だいり》さまとおひなさま
の並《なら》べ方が逆《ぎゃく》やねぇ

京びな

関東びな

京都は古来の並《なら》べ方の
左上位で飾《かざ》り続けてますのぇ

関東びなは明治以降《いこう》の並《なら》べ方
のようやね

おひな祭りに飾《かざ》る桃《もも》の花も
お白酒も、ひし餅《もち》も全部
邪気《じゃき》をはらうもので、ひし餅《もち》
のひし形は人の心臓《しんぞう》を形どっ
ているとも言われてますぇ

子どもの健康を祈《いの》る親の気持
ちをあらわしているんやで

かわいらしいだけやのうて、
祈《いの》りがこめられた
お祭りやねぇ

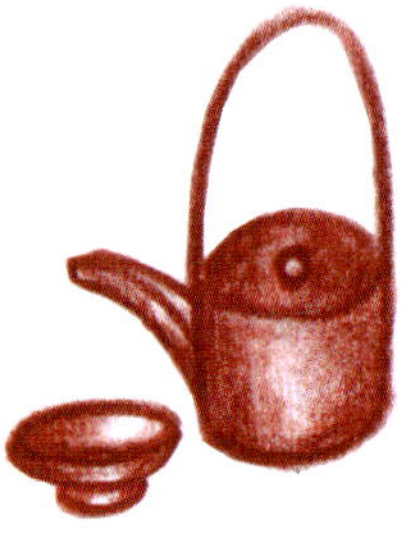

クチナシの桃《もも》色（魔《ま》よけ）
ひしの実の白色（子孫繁栄《はんえい》）
よもぎの緑色　（厄《やく》よけ）

京都のおひなさま

おひなさま飾《かざ》ると
うちの中がはなやかに
なりますなぁ

雛《ひな》人形は
流《なが》し雛《びな》に
始まって

流《なが》し雛《びな》

お顔が
横に長い
室町雛《むろまちびな》

室町雛《むろまちびな》

お顔が卵《たまご》型
の小さな
寛永雛《かんえいびな》

寛永雛《かんえいびな》

元禄《げんろく》時代に
お顔が丸く
引《ひ》き目《め》鉤鼻《かぎばな》
の美しい
次郎左衛門雛《じろうざえもんびな》
が作り出され

次郎左衛門雛《じろうざえもんびな》

寛永雛《かんえいびな》を
豪華《ごうか》にした
享保雛《きょうほびな》は
江戸の享保《きょうほ》
年間に流行

享保雛《きょうほびな》

そして、王朝
へのあこがれ
から作り出さ
れた古今雛《こきんびな》へ
と変わって
きたんやねぇ

古今雛《こきんびな》

京都ではおひな祭りには
引千切《ひちぎり》という和菓子《わがし》をいただ
きますなぁ
平安時代に宮中のお祝いの儀《ぎ》
式《しき》で子どもの頭にお餅《もち》を三度
触《ふ》れさせる「いただき餅《もち》」が
起源《きげん》なんやで

厄《やく》をはらうよもぎ餅《もち》の上に
白と桃色《ももいろ》のきんとんが
のったかわいらしい
上生菓子《じょうなまがし》やねぇ
春らしおす〜

引千切《ひちぎり》

桜《さくら》のごはん いかが？

今年も桜《さくら》が咲《さ》いたなぁ〜

ほんまきれいな薄紅色《うすべにいろ》やなぁ

そうや、
桜《さくら》ごはん炊《た》きまひょか〜

錦《にしき》でも売ってる桜《さくら》の塩漬《づ》け
お湯やお茶を入れて
桜湯《さくらゆ》でいただきます〜
きれいな桜《さくら》の花が
浮かびますのぇ

塩漬《づ》けの桜《さくら》を4個《こ》ほど
水につけて
塩をぬきますぇ

底は塩辛《から》いさかいに、
上の方のお水をごはんを
炊《た》くのに使います

桜《さくら》の花は
あとで
ごはんの上にのせますぇ

お米2カップに梅干《うめぼ》し1個《こ》を
きざんでいれます

普通《ふつう》の水分量で炊《た》きます
少し梅干《うめぼ》しの香《かお》りがしますぇ

ほんのり薄紅色《うすべにいろ》に炊《た》けたら
上に桜《さくら》の花をおきますぇ
春らしい一品どうぞ〜

春の豆ごはん

春に旬《しゅん》のお豆、
そら豆やえんどう豆
おいしおすなぁ～

そら豆は
他人と思えへんわ～

きれいな豆色の
えんどう豆ごはん炊《た》きまひょ

えんどう豆を塩水でゆがいて、
さめるまで置いておきますぇ

ごはんに、えんどう豆をゆが
いたお汁《しる》と昆布《こんぶ》とお酒少々を
入れて炊《た》きますぇ
お汁《しる》とお酒を合わせて、水分
量はいつもの量で炊《た》きます

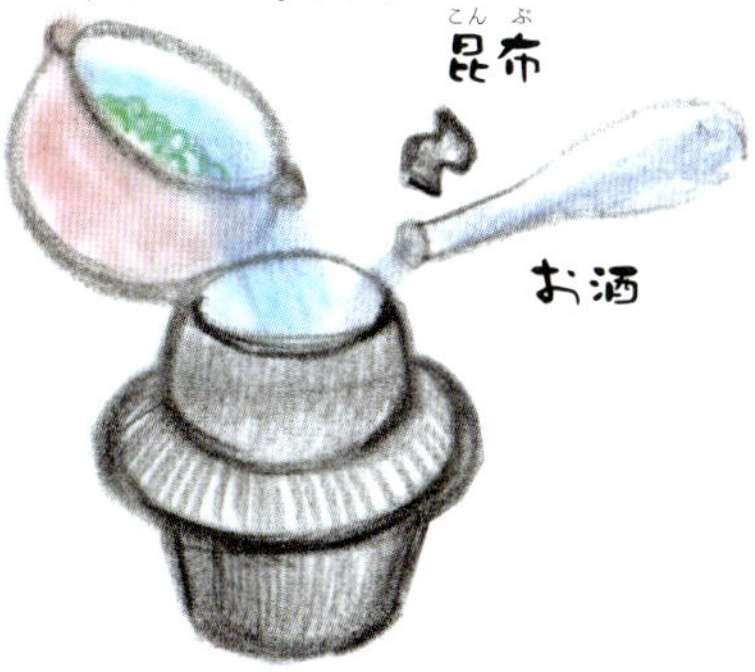

ごはんが炊《た》けたら蒸《む》らして、
食べる前にえんどう豆を
入れますぇ～

先にえんどう豆をゆがいて
おいて食べる直前にまぜると
緑がきれいですぇ
春らしい一品どうぞ～

5月5日に五色で魔《ま》よけ

平安時代から端午《たんご》の節句《せっく》に「奇《くす》しく霊《れい》なる」という意味の薬玉《くすだま》を室内に飾《かざ》って、邪気《じゃき》をはらう風習《ふうしゅう》がありますぇ

薬玉《くすだま》は古来の中国の陰陽五行説《いんようごぎょう》をとりいれた風習《ふうしゅう》なんやて

じゃ香《こう》、沈香《じんこう》、丁字《ちょうじ》などの香料《こうりょう》を玉にして、錦《にしき》の袋《ふくろ》に入れ、さまざまな造花《ぞうか》で飾《かざ》り、菖蒲《しょうぶ》やよもぎをさし、五色《ごしき》の絹糸《きぬいと》を長く垂《た》れたきれいなものやねぇ

五色の糸にも意味があって、

玄《くろ》(黒)は北の方角をあらわし「信」の意味
青は東の方角をあらわし「礼」の意味
黄は中央をあらわし「義」の意味
白は西の方角をあらわし「智《ち》」の意味
朱《あか》(赤)は南の方角をあらわし「仁《じん》」の意味

それぞれの方角を守っているんやねぇ

おすもうの土俵《どひょう》の東西南北にもそれぞれ青(緑)、白、朱《あか》(赤)、玄《くろ》(黒)の房が下がっていますぇ

うちらも薬玉《くすだま》を9月9日の重陽《ちょうよう》の節句《せっく》で菊《きく》の花に替《か》えるまで大切に飾《かざ》って家をきよめてもらいまひょ

邪気《じゃき》をはらう 端午《たんご》の節句《せっく》

奈良時代から続く端午《たんご》の節句《せっく》は、邪気《じゃき》ばらいの力があるとされる菖蒲《しょうぶ》と、薬草のよもぎを軒《のき》にさして、魔《ま》とけがれをはらう軒菖蒲《のきしょうぶ》という風習《ふうしゅう》なんやで
江戸《えど》時代には菖蒲《しょうぶ》売りさんもおられたそうやで

菖蒲《しょうぶ》売り

今は、身を守る意味がある兜《かぶと》や鎧《よろい》を飾《かざ》り、出世を願う鯉《こい》のぼりを揚《あ》げ、忠誠心《ちゅうせいしん》の象徴《しょうちょう》とされるちまきと、めでたい木の葉とされる柏《かしわ》の葉で神事の餅《もち》を包む柏餅《かしわもち》をお供《そな》えしますなぁ

お風呂《ふろ》に菖蒲《しょうぶ》の葉と、茎《くき》と根をしばって、入れる菖蒲風呂《しょうぶぶろ》は、葉っぱが良い香《かお》りで、茎《くき》や根は鎮痛効果《ちんつうこうか》があって体にええのぇ

女風呂《おんなぶろ》もするもんね♪

使う菖蒲《しょうぶ》は花菖蒲《はなしょうぶ》と違《ちが》い、葉のまっすぐな黄色い花の咲《さ》く菖蒲《しょうぶ》です

花菖蒲《はなしょうぶ》（アヤメ科）　菖蒲《しょうぶ》（サトイモ科）

「病を止める」という薬草のよもぎは平安時代には「名医草」と記されていたらしいぇ

旧暦《きゅうれき》の5月は今の梅雨《つゆ》時で、病気の多い月やったそうやで
そやから、よもぎも菖蒲《しょうぶ》と軒《のき》につるして、病気を追いはらおうとしていたんやねぇ

よもぎ、摘《つ》んできましたぇ
ほんま、ええ香《かお》り

京都最古の葵《あおい》まつり

葵《あおい》まつりって平安時代より前からあったんやね？

欽明天皇《きんめいてんのう》の時代に気候が荒《あ》れて、飢饉《ききん》になり、困《こま》って占《うらな》いをしたら賀茂《かも》の神々の祟《たた》りだということで、567年に祭《さい》礼《れい》をしたら風雨がおさまって、五穀《ごこく》も良く実ったんやて

それが始まりやねんなぁ～

賀茂《かも》まつりとして始まったけど、古代から神紋《しんもん》として二葉《ふたば》葵《あおい》を祭具《さいぐ》や衣装《いしょう》に付けているので、葵《あおい》まつりと呼ばれるようになったんやて

二葉葵《ふたばあおい》の葉っぱきれいやなぁ～

おまつりの行列は天皇《てんのう》からの使者《ししゃ》・勅使《ちょくし》の勅使列《ちょくしれつ》と、斎王《さいおう》代列《だいれつ》（女人列《にょにんれつ》）の大きく二つに分かれているのぇ

みやびやなぁ～平安時代にタイムスリップしたみたいやわぁ～

京の銭湯《せんとう》は平安時代から

京都では平安時代から銭湯《せんとう》があったらしいぇ

へぇ～そんなに古くから？

今昔《こんじゃく》物語に「東山へ湯浴《ゆあ》みにとて人を誘《さそ》ひて」と書いてあるんやて

昔は床《ゆか》にすのこを敷《し》いて、その下に釜《かま》を据《す》え、蒸気《じょうき》を浴室に取りこんでいたらしいぇ

湯気が逃《に》げないように、出入り口が引《ひ》き違《ちが》い戸《と》になっていて「戸棚風呂《とだなぶろ》」と呼ばれたらしいぇ

江戸《えど》時代は鴨居《かもい》を低い位置まで下げ、かがんで入って蒸気《じょうき》を逃《に》がさないようにしてたらしいぇ

電気もないし、暗くて、湯気で前が見えへんなぁ～

明治には男女別々の浴槽《よくそう》にお湯をたっぷり入れる今のような銭湯《せんとう》になったんやて

大正時代にはタイル張《ば》りのお風呂《ふろ》もできたそうやで

お風呂《ふろ》、気持ちええなぁ～

鴨川《かもがわ》の床《ゆか》 始まってますぇ

もう床《ゆか》が始まってますなぁ

5月から皐月《さつき》の床《ゆか》いうて
お昼をいただけるんやて
うちらもランチしまひょ♪

みそそぎ川
鴨川《かもがわ》

鴨川《かもがわ》の床《ゆか》て、豊臣秀吉《とよとみひでよし》のころに
裕福《ゆうふく》な商人が五条河原《ごじょうがわら》の浅瀬《あさせ》
に床机《しょうぎ》を置いてお客をおもて
なししたのが始まりなんやて

自由に出してたんやねぇ

昔の床《ゆか》

今では二条《にじょう》大橋から五条《ごじょう》大橋
のみそそぎ川にかかるように
なったんやね

二条《にじょう》大橋
御池《おいけ》大橋
三条《さんじょう》大橋
四条《しじょう》大橋
どんぐり橋
松原橋
五条《ごじょう》大橋

5月の皐月《さつき》の床《ゆか》から始まって、
6月から8月16日までの本床《ほんゆか》、
8月17日から9月30日までの
後涼《あとすず》みがありますぇ

気持ちええなぁ～
京都の夏の楽しみやねぇ

水無月《みなづき》で 厄《やく》よけの知《ち》恵《え》

6月30日は半年分の罪《つみ》やけがれをはらい、残り半年の無病息災《むびょうそくさい》を祈願《きがん》する夏越祓《なごしのはらえ》が行われますなぁ

夏越祓《なごしのはらえ》

この日に水無月《みなづき》を食べるのはなんでやろね？

水無月《みなづき》を食べるようになったのは、旧暦《きゅうれき》の6月1日（今の6月下旬ごろ）に貴重《きちょう》な氷を食べて、暑い夏も健康でいられますようにと願う「氷室《ひむろ》の節《せち》会《え》」が始まりやねんて

昔は氷室《ひむろ》と言われる地下室で冬の氷を大切に保管《ほかん》していたらしいぇ

氷室
寒い
夏でも
庶民にはムリ

今でも残っているところ、ありますなぁ

昔は氷は貴重《きちょう》で、なかなか手に入らなかったんやねぇ
そこで、氷をういろうであらわして、その上に厄《やく》ばらいの小豆《あずき》をのせたお菓子《かし》が水無月《みなづき》なんやて

そういえば白いところ氷に見えてきたわ
水無月《みなづき》おいしおすなぁ〜

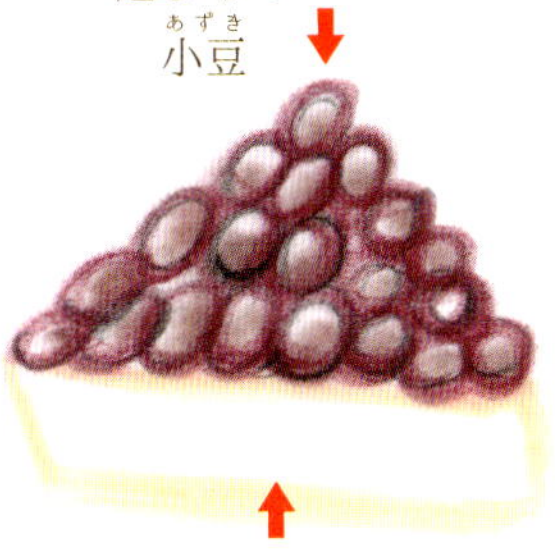
厄《やく》よけの小豆《あずき》
ういろう
（氷をあらわしている）

茅《ち》の輪《わ》くぐりで厄《やく》ばらい

6月末ごろになると神社にこんな大きな輪が作られますぇ

これは「茅《ち》の輪《わ》」というもので、茅《かや》やススキで作られてて、半年分の厄《やく》ばらいの意味があるのぇ

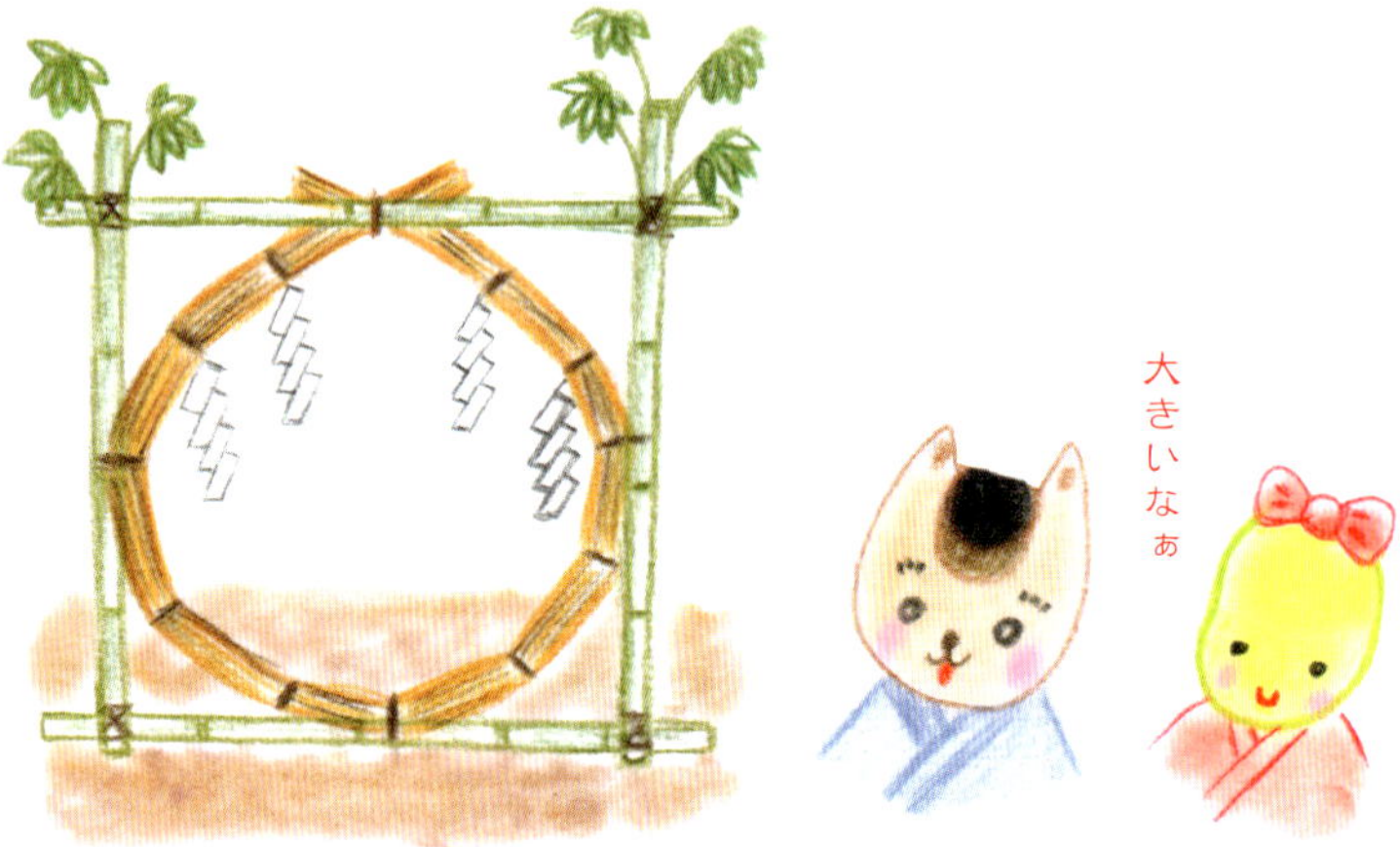
大きいなぁ

茅《ち》の輪《わ》くぐりは輪の前で一礼をして、左足からまたいで左に1周、次に右足からまたいで右に1周、最後にまた左足から左に1周して前に進んでおまいりしますのぇ

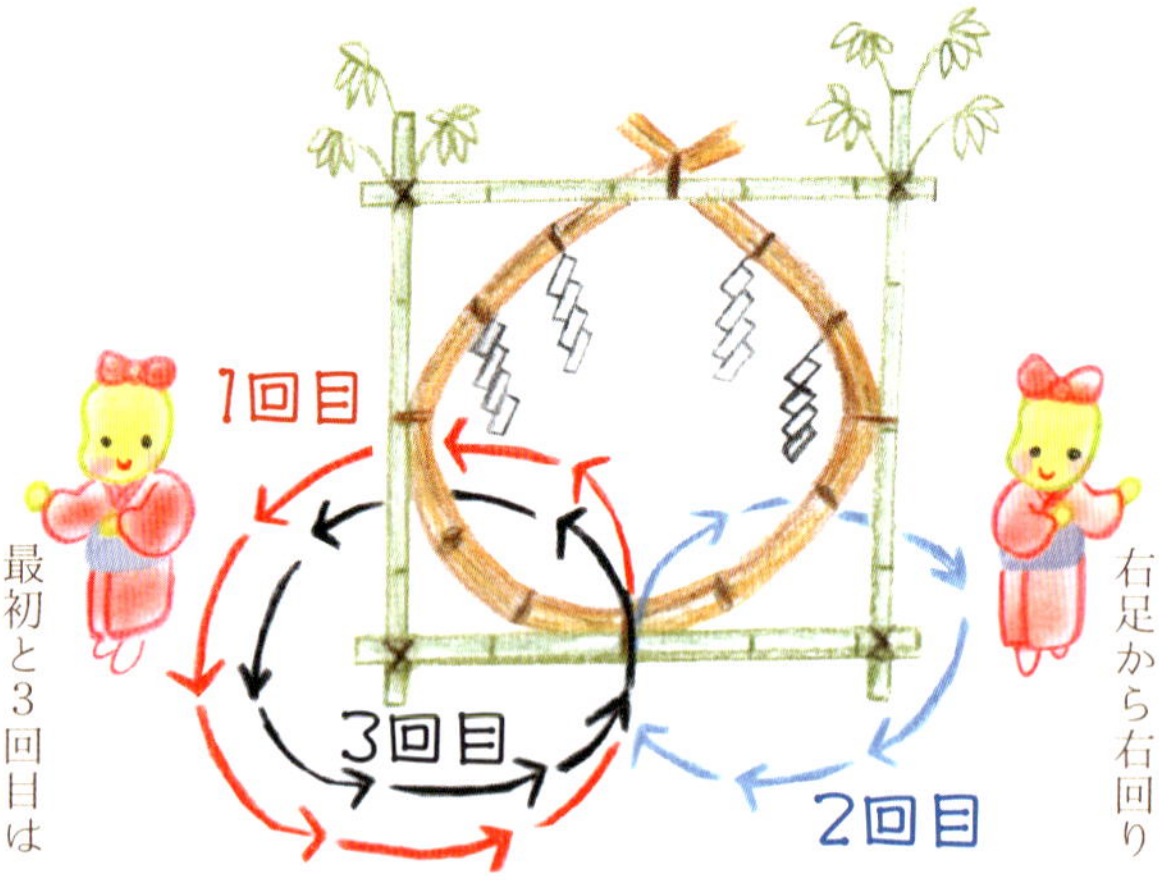
1回目
2回目
3回目
2回目は右足から右回り
最初と3回目は左足から左回り

茅《ち》の輪《わ》をくぐったら気持ちがさっぱりしますなぁ

こうやってまた半年あらたな気持ちですごしまひょ

もうおまいりしてきはったん？

へ〜 半年分のけがれをはらってもらってさっぱりしましたわ〜
茅《ち》の輪《わ》をくぐるとき、『水無月《みなづき》の夏越《なごし》の祓《はら》いする人は千歳《ちとせ》の命《いのち》延ぶというなり』と唱えたらええのぇ〜

7月10日は お迎《むか》え提灯《ちょうちん》

京都で7月は祇園祭《ぎおんまつり》の月やねぇ

7月10日は神輿《みこし》洗《あら》いの神事の前に子どもが主役の行列、「お迎《むか》え提灯《ちょうちん》」が行われますぇ

天上の神さんの乗り物「神輿《みこし》」に乗って氏子域《うじこいき》においでになる神さんを大歓迎《だいかんげい》でお迎《むか》えする行事なんやねぇ

お母さんと一緒《いっしょ》にかわいらしおすなぁ

鎧兜《よろいかぶと》の鬼武者《おにむしゃ》や小町踊《こまちおどり》の女の子の行列

鷺踊《さぎおどり》はときどき羽を広げてくれますぇ

赤い髪《かみ》のしゃぐま（赤熊）は蘇民将来之《そみんしょうらいの》子孫也《しそんなり》という護符《ごふ》をさしてますぇ

頭に大きなリボンの祇園祭音頭《ぎおんまつりおんど》の女の子

うちと同じやわ

しんがりは馬長稚児《うまおさちご》の列

かわいらしい行列たのしおすぇ〜

蘇民将来《そみんしょうらい》の護符《ごふ》の意味

祇園祭《ぎおんまつり》の時の厄《やく》よけちまきや、しゃぐまの子どもの衣装《いしょう》や、いろんなところに「蘇民将来《そみんしょうらいの》子孫也《しそんなり》」というお守りがつけてあるのは、疫病《えきびょう》や災難《さいなん》から守ってもらうためなんやで

言い伝えで、素戔嗚《すさのお》（牛頭天《ごずてん》王《のう》）と言われている神様が、旅の途中《とちゅう》で日が暮《く》れて進めなくなった地に将来《しょうらい》という2人の兄弟がいて、弟の巨旦《こたん》は大金持ちで、兄の蘇民《そみん》は貧《まず》しかったんやで

それで、最初弟の巨旦《こたん》に一《ひと》晩泊《ばんと》めてほしいと頼《たの》んだけど、汚《きたな》い旅人と思った巨旦《こたん》は追い返したそうやで

そこで兄に頼《たの》んだところ、兄はあたたかくもてなしたので、喜んだ神様は名を明かし、「蘇民《そみん》将来子孫也《しょうらいのしそんなり》」という茅《ち》の輪《わ》を腰《こし》につけておくようにと言われたんやて

その後、疫病《えきびょう》や災害《さいがい》で弟の巨旦《こたん》の一族は滅《ほろ》んだけど、兄の蘇民《そみん》は茅《ち》の輪《わ》のお守りのおかげで災難《さいなん》をのがれ、ずっと幸せに暮《く》らしたんやて
それから厄《やく》よけとして「蘇民将来子孫也《そみんしょうらいのしそんなり》」を見えるところにつけるようになったというらしいぇ

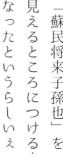

祇園祭《ぎおんまつり》の神輿洗《みこしあら》い

祇園祭《ぎおんまつり》の神輿洗《みこしあら》いは山から鴨川《かもがわ》を下る神様を10日にお迎《むか》えして八坂《やさか》神社で祀《まつ》り、28日、お疲れになった神様に鴨川《かもがわ》にお戻《もど》りいただく大切な神事ですぇ

朝、四条《しじょう》大橋でくんだ水を団栗《どんぐり》橋との間あたりまで運び、神用水清祓式《しんようすいきよはらいしき》が行われますぇ

そのあたりは「お宮川」と呼ばれていて、花街宮川町《かがいみやがわちょう》の名前の由来なんやて

10日には神様をお迎《むか》えするお迎提灯《むかえちょうちん》の行列が夕刻《ゆうこく》に現《あらわ》れて鴨川《かもがわ》の神様をきれいな衣装《いしょう》と舞《まい》でおもてなししますぇ

神様の乗る神輿《みこし》の通り道を巨《きょ》大《だい》な松明《たいまつ》の火で清めて、霊的《れいてき》安全を確保《かくほ》する「道しるべ」の松明《たいまつ》が八坂《やさか》神社でおはらいされて四条《しじょう》大橋と八坂《やさか》神社の間の道を清めつつ進みます

そして、四条《しじょう》大橋でご神水《しんすい》に清められた神輿《みこし》は舞殿《ぶでん》へ……神様をうやまう気持ちで心も清められますなぁ

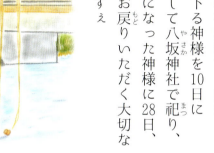

各家伝来の 屏風祭《びょうぶまつり》

祇園祭《ぎおんまつり》の鉾《ほこ》や山が組み立てら
れだんだんできてくるのを
虫籠窓《むしこまど》から見るのは
たのしおすぇ

町家もお化粧《けしょう》して、
ハレの姿《すがた》になりますのぇ

おもてから中を見通せるよう
にして各家伝来の美術品《びじゅつひん》を
飾《かざ》る屏風祭《びょうぶまつり》も祇園祭《ぎおんまつり》の楽しみ
やねぇ

屏風祭《びょうぶまつり》では鉾町《ほこまち》の各家が道路
側の格子《こうし》をはずして、道路と
一体になって、はなやかな
祭り空間を演出《えんしゅつ》しますのぇ

厄《やく》よけのちまきや花菖蒲《はなしょうぶ》、
ひおうぎなどの花も一緒《いっしょ》に
飾《かざ》りますぇ

だいたい巡行《じゅんこう》まで飾《かざ》り、
蔵《くら》にしまわれます
また来年のお楽しみやねぇ

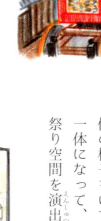

見どころ満載《まんさい》の宵山《よいやま》

16日は祇園祭《ぎおんまつり》の前祭《さきまつり》の宵山《よいやま》やねぇ

山鉾町《やまほこちょう》でいう山や鉾《ほこ》が出るお町内が作らはった厄《やく》よけのちまきや護符《ごふ》を買うて、家の玄関《げんかん》に飾《かざ》りますぇ

宵山《よいやま》ならではのお町内の行事があって、南観音山《みなみかんのんやま》では「ろうそく当番」をやりますぇ

歌をうたいながらろうそくをお供《そな》えしますのぇ

やくよけのおまもりは
これよりでます　つねはでません
こんばんかぎり〜
ごしんじんのおんかたさまは、
うけておかえりなされましょう
ろうそく
いっちょう
けんじられ
ましょう
ろうそく
いっちょう
どうですか〜

蟷螂山《とうろうやま》の「かまきりおみくじ」もおもしろいなぁ〜

夕方から八坂《やさか》神社で「宵宮神賑奉納行事《よいみやしんしんほうのうぎょうじ》」祭神さまに舞《まい》を奉納《ほうのう》しますのぇ

いろんな神事で見どころ満載《まんさい》やなぁ〜

『胡蝶《こちょう》の舞《まい》』

千回登るご利益《りやく》 愛宕《あたご》さん千日詣《せんにちまいり》

7月31日は、千日詣《せんにちまいり》と言うて、愛宕山《あたごやま》に登ると、千日分の御《ご》利益《りやく》があると言われていますのぇ〜

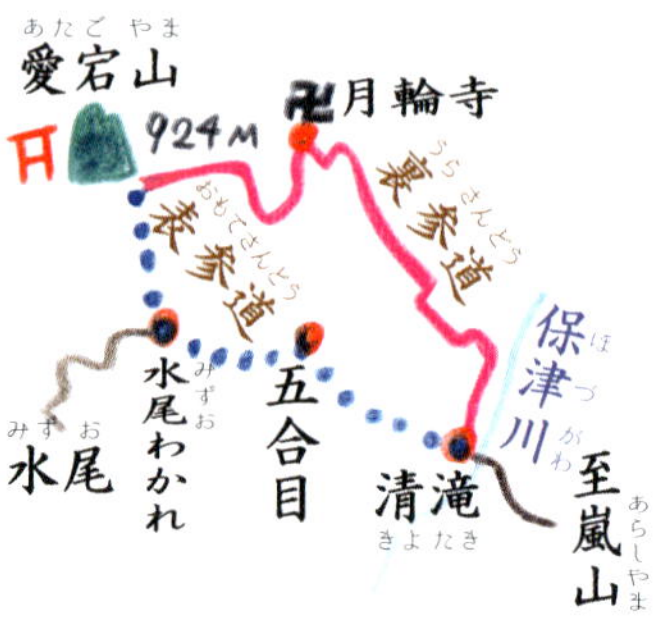
愛宕山《あたごやま》
924M
月輪寺
裏参道《うらさんどう》
表参道《おもてさんどう》
保津川《ほづがわ》
水尾《みずお》わかれ
五合目
清滝《きよたき》
至嵐山《あらしやま》
水尾《みずお》

夜から登る千日詣《せんにちまいり》は、提灯《ちょうちん》のなか、たくさんの人が声をかけあいながら登りますぇ にぎやかで楽しいわ〜

汗《あせ》かくし、着替《きが》え持っていかなあきまへんぇ

おのぼりやすー
おくだりやすー

7月31日の午後9時に夕御饌祭《ゆうみけさい》

8月1日の午前2時に朝御饌祭《あさみけさい》の神事が行われますぇ

めずらしいさかいに見られたらラッキー♪

3歳になるまえに登ると、一生火の難《なん》を逃《のが》れると言われてまっさかいに子どもをおんぶして登らはる人も多いねんぇ

えっちらほっちら

山頂《さんちょう》の愛宕《あたご》神社で「火廼要慎《ひのようじん》」の護符《ごふ》も忘《わす》れんといただいてきてね〜

阿多古
祀符
火廼要愼
おくどさんの上にはりまっせ！

お精霊《しょうらい》さんは槇《まき》の葉にのって

今年も「冥界《めいかい》の入り口」とされている六道《ろくどう》の辻《つじ》の六道珍皇寺《ろくどうちんのうじ》にご先祖《せんぞ》さまのお精霊《しょうらい》さんをお迎《むか》えにいきますぇ〜

8月7日から10日までやからはよいきまひょ

お迎《むか》えの鐘《かね》をつく鐘楼《しょうろう》がきれいになってますぇ

嵯峨天皇《さがてんのう》に仕えていた平安時代の官僚《かんりょう》、小野篁《おののたかむら》が夜な夜なここの井戸《いど》に入って、あの世に行き、閻魔大王《えんまだいおう》にも仕えてはったらしいぇ

井戸《いど》に飛びこまはるなんて勇気おすなぁ

「冥土通《めいどがよ》いの井戸《いど》」とか「黄泉《よみ》がえりの井戸《いど》」と言われていますのぇ

閻魔大王像《えんまだいおうぞう》も迫力《はくりょく》あって怖《こわ》いわぁ

ひぇ〜

参道で高野槇《こうやまき》を買《こ》うて

水塔婆《みずとうば》にご先祖《せんぞ》さんの名前を書いてもろうて

お線香《せんこう》のけむりであぶって清めます

そして、迎《むか》え鐘《がね》をついて、槇《まき》の葉にお精霊《しょうらい》さんをのせておうちに迎《むか》えます

ゆっくりおすごしくださいませ〜

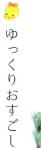

お精霊《しょうらい》さんを送る五山の火

お盆《ぼん》は、槇《まき》の葉に乗って
この世にもどってきはった
お精霊《しょうらい》さんに毎日少しずつ
違《ちが》うものをお供《そな》えしますぇ

13日はお迎《むか》えおだんご、14日
と15日はおはぎや白蒸《しらむ》しを
お供《そな》えしますなぁ

ハスの葉にのった
野菜やくだもの
おはぎ
白蒸《しらむ》し
（もち米を蒸《む》した物）
おだんご
お箸《はし》代わりの麻木《あさぎ》

16日は朝からアラメとおあげ
さん（油揚《あ》げ）の炊《た》いたんと
ごはんをお供《そな》えしますぇ
アラメは昆布《こんぶ》のような夏が旬《しゅん》
の海藻《かいそう》
京都では8日のアラメという
て、8日、18日、28日の8の
つく日にアラメの煮付《につ》けを
いただく風習《ふうしゅう》がありますぇ
末広がりの「八」の日に芽が
出るようになんやて

16日のアラメのゆで汁《じる》は家の
前にまいて、今日があの世に
お帰りの日やとお伝えするん
やねぇ

おあげさん
アラメ
追い出し
アラメって
言いますのぇ

16日にあの世に帰らはる
お精霊《しょうらい》さんの道しるべになる
のが五山《ござん》の送り火なんやねぇ

大文字の「大」は人の形、
「妙法《みょうほう》」はお経《きょう》、「船形《ふながた》」は
精霊舟《しょうりょうぶね》、「左大文字《ひだりだいもんじ》」で厄《やく》を
落として、「鳥居《とりい》」をくぐっ
て、お帰りに
なられる
んやて

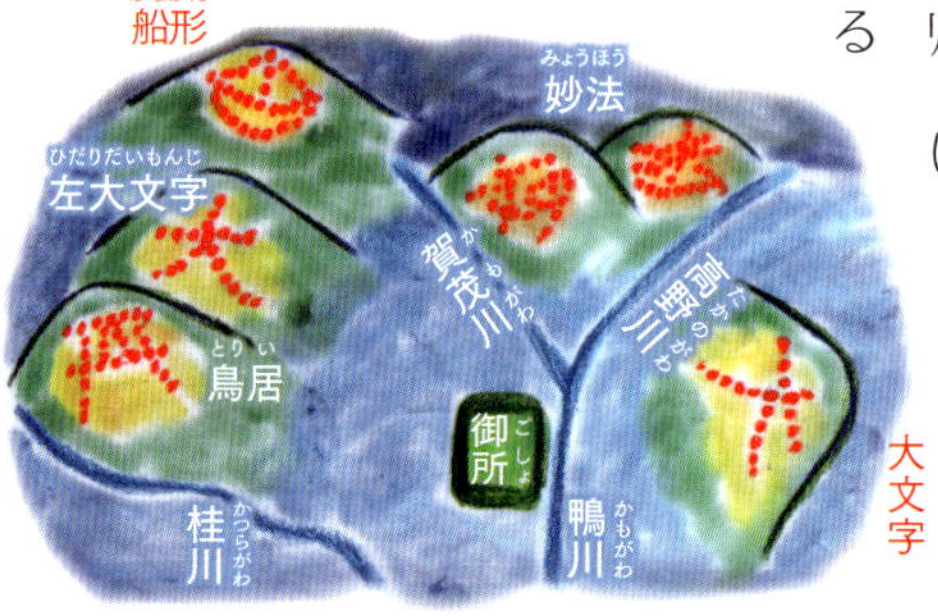
船形《ふながた》
妙法《みょうほう》
左大文字《ひだりだいもんじ》
賀茂川《かもがわ》
高野川《たかのがわ》
鳥居《とりい》
御所《ごしょ》
桂川《かつらがわ》
鴨川《かもがわ》
大文字

また来年も
こちらに
おもどりくだ
さいね〜

お地蔵《じぞう》さん おおきにぃ

地蔵盆《じぞうぼん》がもうすぐやなぁ

えびす小路の町家《ちょういえ》にも
お地蔵《じぞう》さんがいやはって前を
通るたびにお祈《いの》りしてますぇ

地蔵盆《じぞうぼん》が近づくと、
お地蔵《じぞう》さんもきれいにふいて、
新しいまえかけにして、
提灯《ちょうちん》やお花を
いけたり、
いそがし
おす～

まえかけ、ぬいましたぇ～
掃《は》いてから、水まきしましひょ
きれいにふきましょ
よっこらしょ
お花もってきましたぇ

お地蔵《じぞう》さんもにっこり
楽しい地蔵盆《じぞうぼん》で
夏も終わりやなぁ～

えびす
えびす

歴史風俗絵巻《ふうぞくえまき》の時代祭

今日は10月22日で時代祭やなぁ〜

晴れてよかったわぁ〜はよ見に行きまひょ〜

時代祭は平安遷都《せんと》千百年と、平安神宮《へいあんじんぐう》が創建《そうけん》されたお祝いのお祭りとして明治28年（1895年）に始まったんやで

明治になって天皇《てんのう》が東京に行かはって、京都は元気がのうなったから、盛《も》り上げる意味もあったんやろなぁ

そうやなぁ〜なんで10月22日か知ってはる？

桓武天皇《かんむてんのう》が延暦《えんりゃく》13年（794年）に長岡京から平安京に都を移《うつ》された日が10月22日やで

そやから10月22日は京都の誕生日で時代祭の日になったんやねぇ

一目で京の都の歴史と文化がわかるお祭り

動く歴史風俗絵巻《ふうぞくえまき》、きれいやなぁ〜

11月は火のお祭り月

あちこちで火焚祭《ひたきさい》のある
11月は「火のお祭り月」と
呼《よ》ばれていますのぇ
「おひたきさん」とか
「おしたけさん」とか昔から
言いますなぁ

ご神木で作った護摩木《ごまぎ》にお願いごとを書いてお焚《た》き上げしたら罪《つみ》やけがれがはらわれて、お願いごともかなうと言われてますえ

嵐山《あらしやま》の車折《くるまざき》神社の火焚祭《ひたきさい》は、
「かまど」の守護神《しゅごしん》の
奥津彦神《おきつひこのかみ》・奥津姫《おきつひめ》の二神を
お迎《むか》えしはるんやで

護摩木《ごまぎ》で作った
大きなかまどに火を入れて、
かまど祓《ばら》いをして、
五穀豊穣《ごこくほうじょう》を感謝《かんしゃ》しますのぇ

うちらの家のおくどさんも、
いつもよりきれいにして
大切に使いまひょ

いつもきばって働いてくれ
はっておおきにぃ〜
これからも
よろしゅうに

お茶のんで ほっこりしまひょ

ただいまぁ〜

おかえりやす〜

大晦日《みそか》に八坂《やさか》神社で
使われるおけら火のおけらが
少のうなってきたし
株《かぶ》を鉢《はち》で育ててもらうのに
お町内に配ってきましたぇ

おけら火

おけらは胃を丈夫《じょうぶ》にする薬草
で、根を火にくべたおけら火
でお正月のお雑煮《ぞうに》を作って
邪気《じゃき》をはらいますぇ

大切なおけら、
絶《た》やしたら
あかんなぁ

朮《おけら》

白い
かわいい花が
咲《さ》きますぇ

いっぱい
増《ふ》えます
ように

お豆さん、疲《つか》れはったやろ
お茶のんで
ほっこり
しまひょ

なぁなぁ、ほっこりって
京都独特《どくとく》の言葉やねんて

そやなぁ、説明するとしたら
〝ひと仕事したあとに
ゆっくりした時の幸せな気持
ち〟やろか

お茶のええ香《かお》りと
おいしいお菓子《かし》

ほっこり
しますなぁ

年末の搗《つ》き上げ

師走《しわす》も下旬《げじゅん》になると、「搗《つ》き上げ」の日になりますぇ

夜明け前から「ホイホイ」のかけ声と共に大釜《おおがま》や臼《うす》、杵《きね》を担《かつ》いで餅《もち》つきさんが三人でやってきてお餅《もち》を搗《つ》きはります

ヤッポン
ヤッポン

夜が明け始めるころご祝儀《しゅうぎ》を一人ひとりに手渡《てわた》して、ご苦労さんとねぎらいます

ご苦労さんどす

餅《もち》つきさん三人は搗《つ》き上げの儀式《ぎしき》をして帰って行かはるのぇ

アー、千石《せんごく》
アー、千石《せんごく》
アー、おめでとうさん！

搗《つ》きあがったお餅《もち》で鏡餅《かがみもち》を作ります

小さなお鏡さん
星付《ほしつき》さん

神棚《かみだな》と店の帳場《ちょうば》用の二重の大鏡餅《おおかがみもち》

おくどさん用の三重の大鏡餅《おおかがみもち》

ウラジロとユズリハ

歳徳棚《としとくだな》に大晦日《おおみそか》からお正月の十四日までお供《そな》えして十五日のどんど焼きに焼いて食べる十二の餅《もち》

家の中のいろんな神さんにお供《そな》えしますのぇ

それから、餡《あん》入りのお餅《もち》をたくさん作って、ご近所さんに配ります

「押《お》しつまりまして、お事《こと》うさんでございます。毎々《まいまい》と、お世話になります。不加減《ふかげん》ではございますが、どうぞお上がりください」
「おおきにぃ～」

お正月はもうそこまで来ています

鐘《かね》の音で祈《いの》る古都

京都のお寺の鐘《かね》の音って
もともとはそのお寺があった
方角によって決められてたっ
て知ってはる？

京都全体の鐘《かね》の音を調和させ
ることで祈《いの》りの空間を作り出
してたそうやで

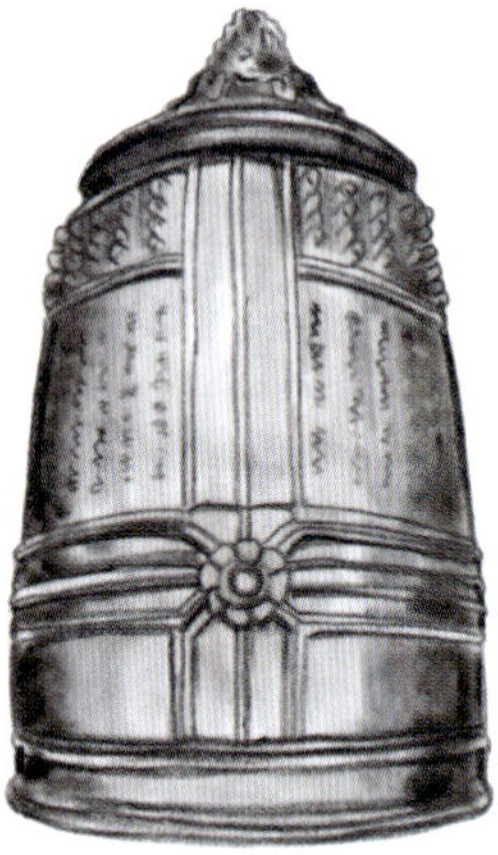

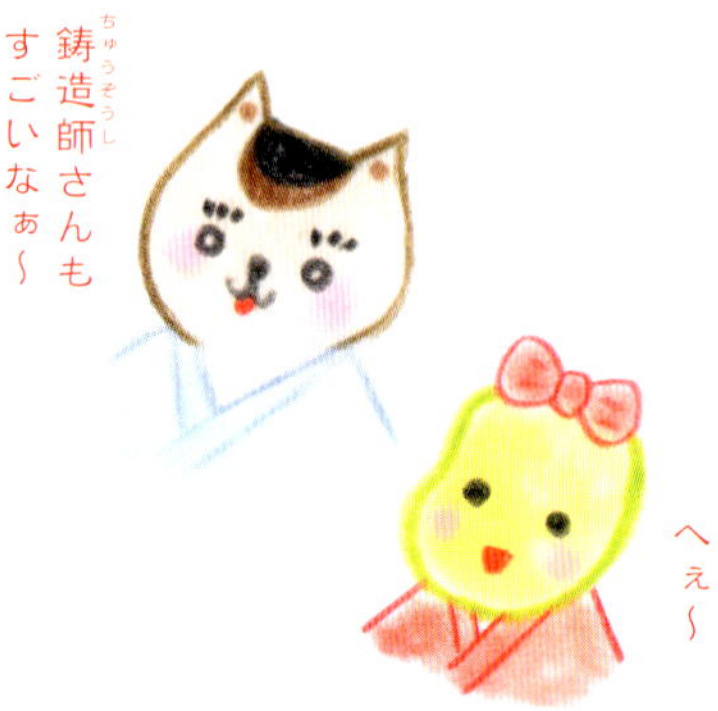
鋳造師《ちゅうぞうし》さんもすごいなぁ～
へぇ～

音と方角には
関係があるねんて
京都の東の方にあるお寺の鐘《かね》
は主音が双調《そうぢょう》、南の方は黄鐘《おうしき》
調《ぢょう》、西の方は平調《ひょうぢょう》、北の方の
鐘《かね》は盤渉調《ばんしきぢょう》、中央は壱越調《いちこつぢょう》で
鳴っていたんやて

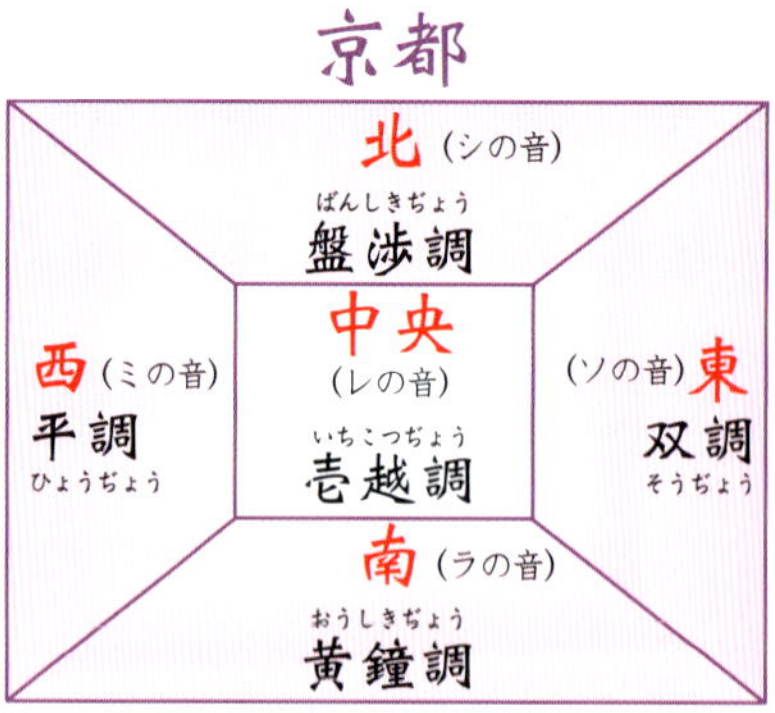
京都
北 (シの音)
盤渉調《ばんしきぢょう》
中央
(レの音)
壱越調《いちこつぢょう》
西 (ミの音)
平調《ひょうぢょう》
(ソの音) 東
双調《そうぢょう》
南 (ラの音)
黄鐘調《おうしきぢょう》

京都全体を一つの音空間として
小宇宙《しょううちゅう》を作っていたんやねぇ

豊臣秀吉《とよとみひでよし》が東西南北のお寺を
鴨川《かもがわ》の西の寺町に集めはった
から、今ではそうなってへん
のが残念やなぁ

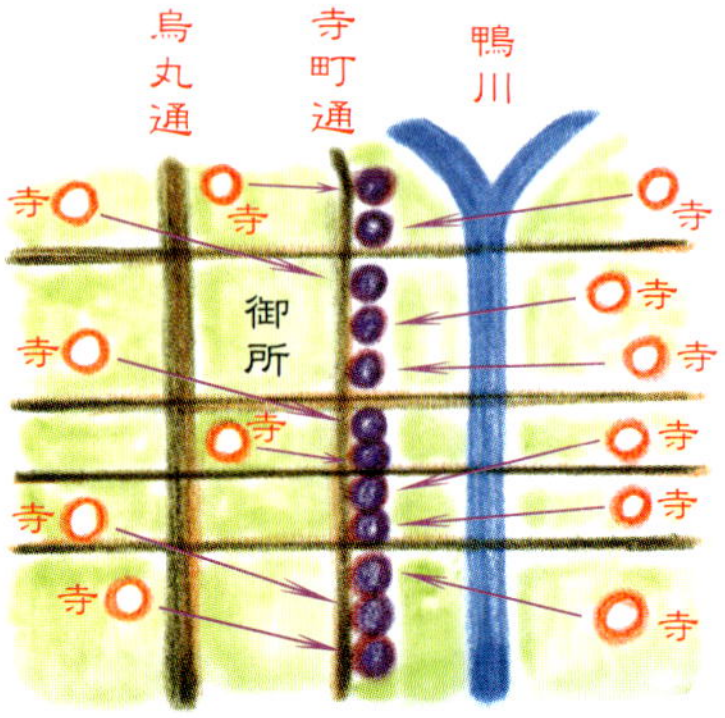
烏丸通
寺町通
鴨川
御所
寺

大晦日《おおみそか》に108回ついて
煩悩《ぼんのう》をはらう除夜《じょや》の鐘《かね》
うちらがいつも行くお寺は
どんな音やったかなぁ～

鐘《かね》の音は場をきよめる力を
もっているって感じますなぁ

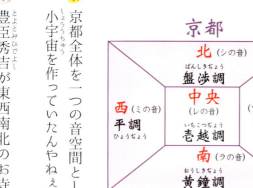

コラム　鬼門封《きもんふう》じの猿《さる》

北東の方向は鬼門《きもん》ていうて
鬼《おに》が現《あらわ》れる場所と言われてます
なぁ〜

御所《ごしょ》の北東
の鬼門《きもん》には
「猿《さる》が辻《つじ》」
という場所
があって、
角が欠けて
ますぇ

そして、猿《さる》が置かれてるんやて
猿《さる》は「去る」で
「難《なん》が去る」からやそうやで

猿《さる》が辻《つじ》から北東の方角の直線上
に「幸神社《さいのかみのやしろ》」、「赤山禅院《せきざんぜんいん》」、
「比叡山延暦寺《ひえいざんえんりゃくじ》」が並んでいて、
すべて鬼門《きもん》よけの地になってい
るんやて

そして、それぞれに猿《さる》が置かれ
ていて、鬼門封《きもんふう》じをしているの
やなぁ

二重、三重に護《まも》られた京都
お猿《さる》さん、これからもよろしゅ
うに〜

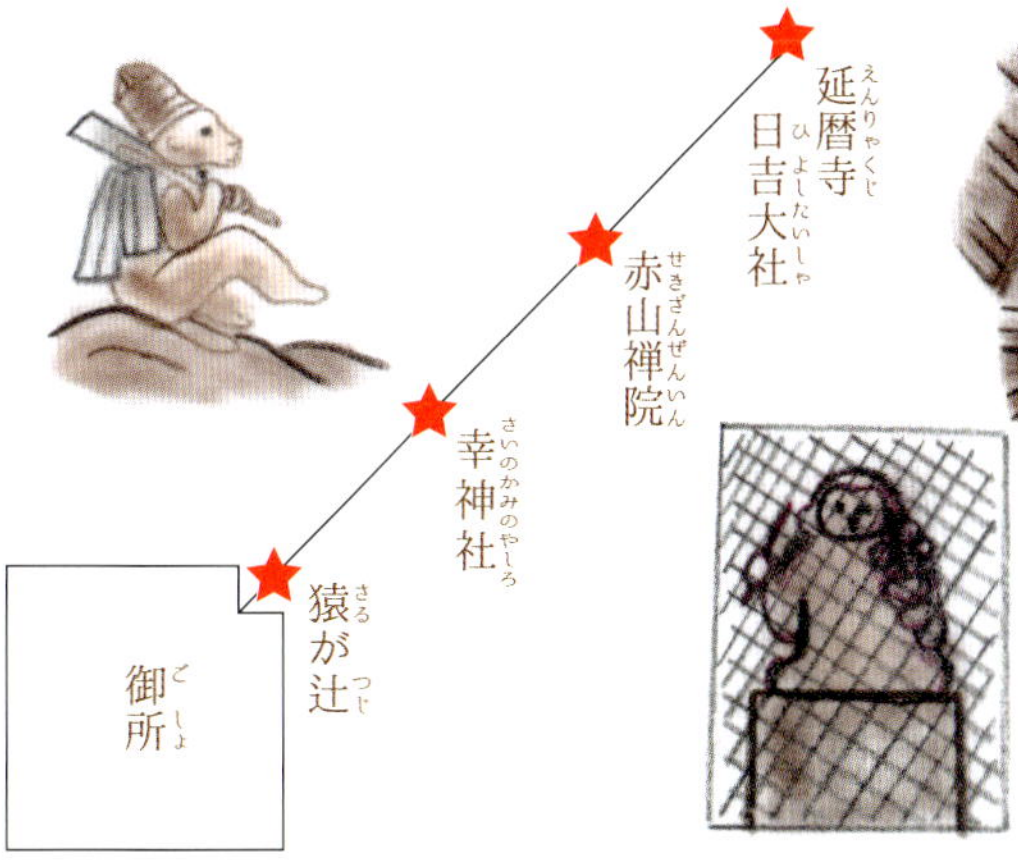

京都タワーは灯台なんやて

京都駅はいつもにぎわって
ますなぁ～
京都タワーは白くて
和ろうそくみたい

ほんまやなぁ～
でも、京都タワーは灯台に
見立てて建てられたんやて
眼下《がんか》に広がる瓦《かわら》屋根を波に
見立ててあるんやて
今はビルばかりやけど

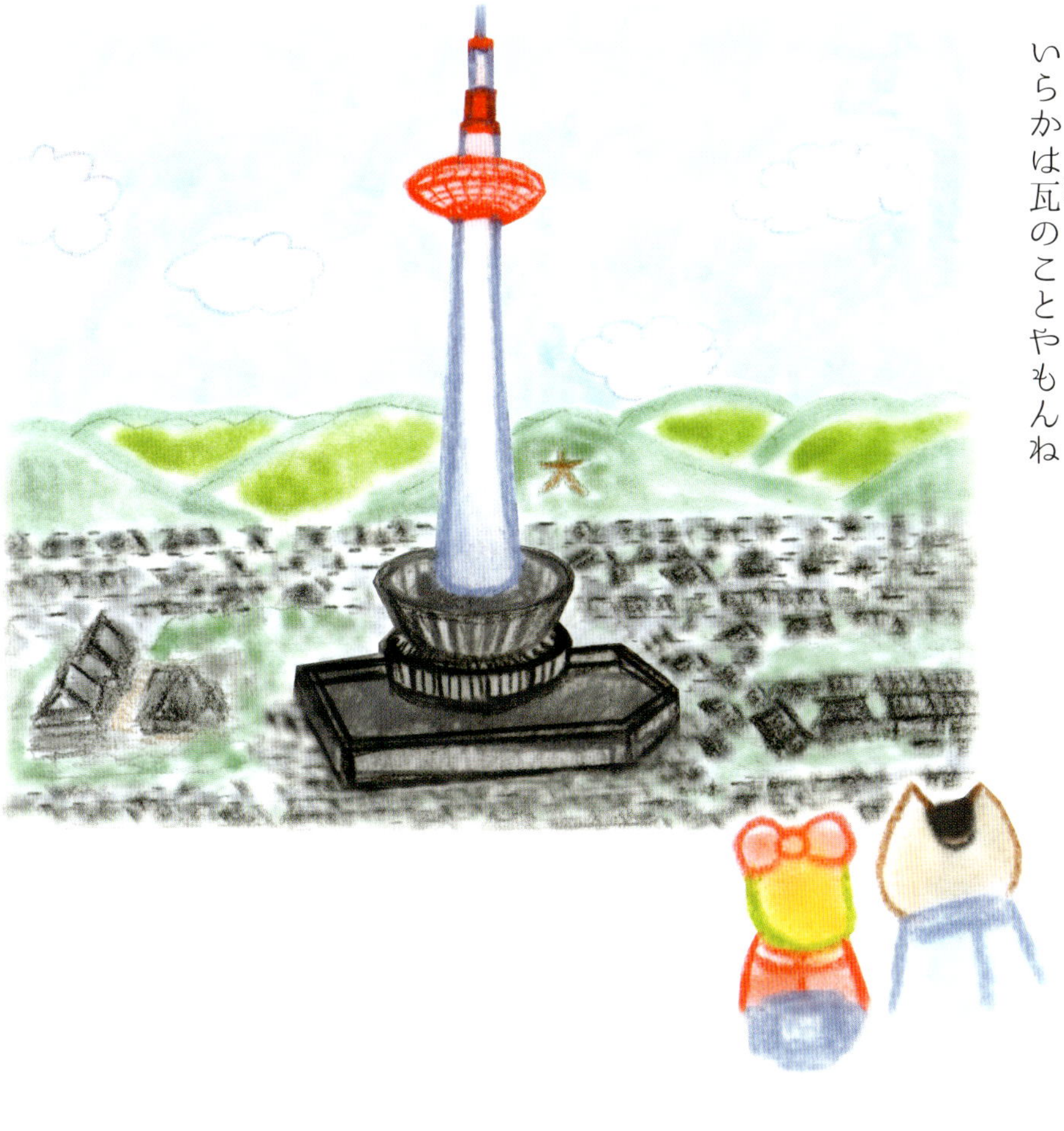

そういえば「こいのぼり」の
歌にも「いらか～の波と～」
ってあるなぁ
いらかは瓦《かわら》のことやもんね

京都タワーは京都を見守って
くれてはる灯台やねんなぁ～

京の風水

風水は背山臨水《はいざんりんすい》が基本なんやて

背山臨水《はいざんりんすい》というのは、背後《はいご》に山があって、前方に海や湖沼《こしょう》などの水があるということらしいわ

平安京ができたころの京都は、北を背後《はいご》とすると船岡山《ふなおかやま》や北山《きたやま》があり、前方は巨椋池《おぐらいけ》があり、東には東山《ひがしやま》、西には西山《にしやま》があり、北、東、西に囲まれて、南が開けていて水があり、「気が大内裏《だいだいり》に集まる」ように工夫されていたんやね

東西南北にはそれぞれ「青龍《せいりゅう》」、「白虎《びゃっこ》」、「朱雀《すざく》」「玄武《げんぶ》」の四神《しじん》に護《まも》られた盤石《ばんじゃく》な都を作ったんやねぇ

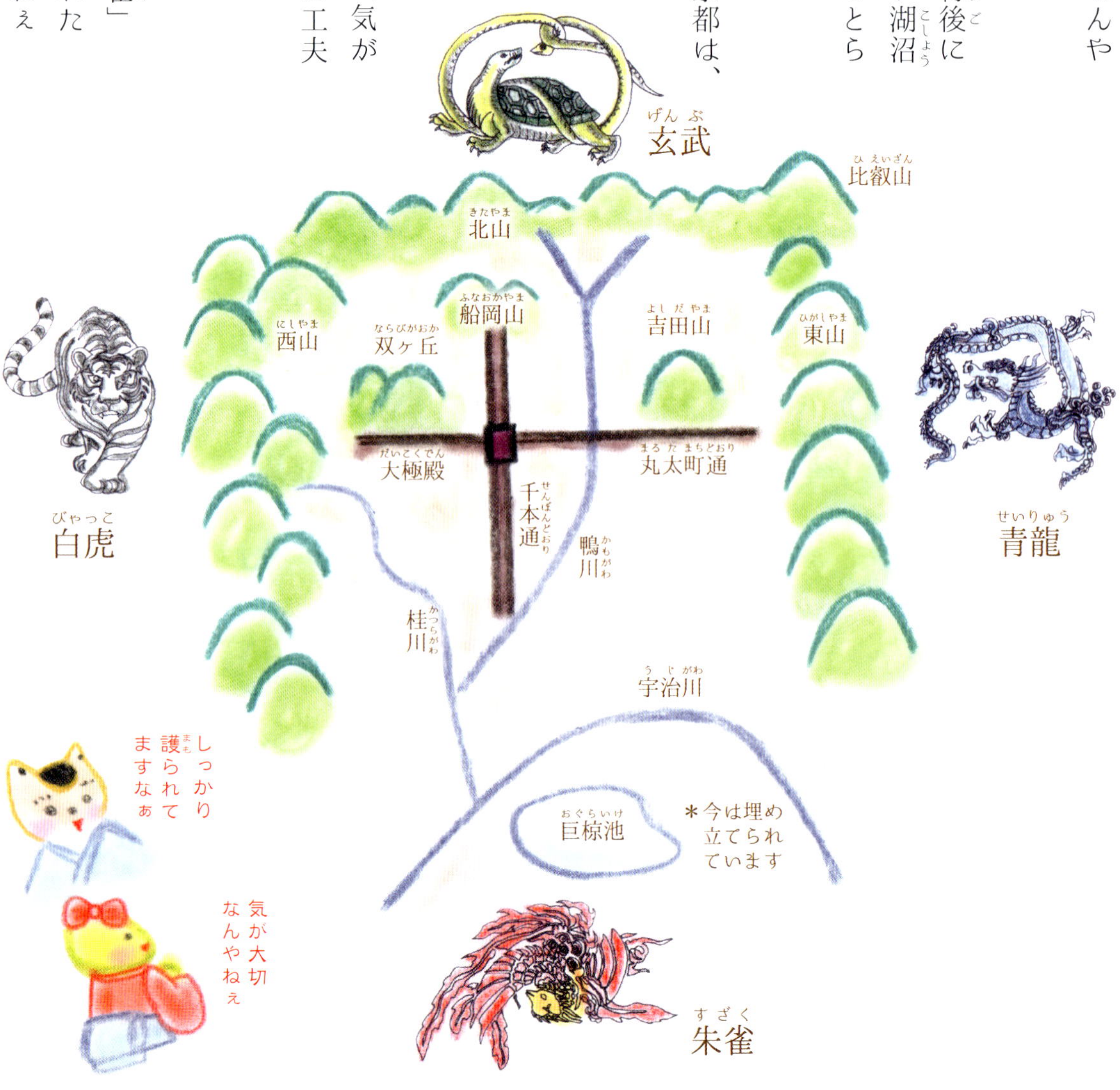
玄武《げんぶ》
比叡山《ひえいざん》
北山《きたやま》
船岡山《ふなおかやま》
西山《にしやま》
双ヶ丘《ならびがおか》
吉田山《よしだやま》
東山《ひがしやま》
大極殿《だいこくでん》
丸太町通《まるたまちどおり》
千本通《せんぼんどおり》
鴨川《かもがわ》
桂川《かつらがわ》
白虎《びゃっこ》
青龍《せいりゅう》
宇治川《うじがわ》
巨椋池《おぐらいけ》
＊今は埋め立てられています
しっかり護《まも》られてますなぁ
気が大切なんやねぇ
朱雀《すざく》

上がったり　下がったり　入ったり

京都は平安時代に碁盤《ごばん》の目に整えられたし、南北と東西の通りで場所をあらわしますぇ

うちらには
わかりやすいなぁ〜

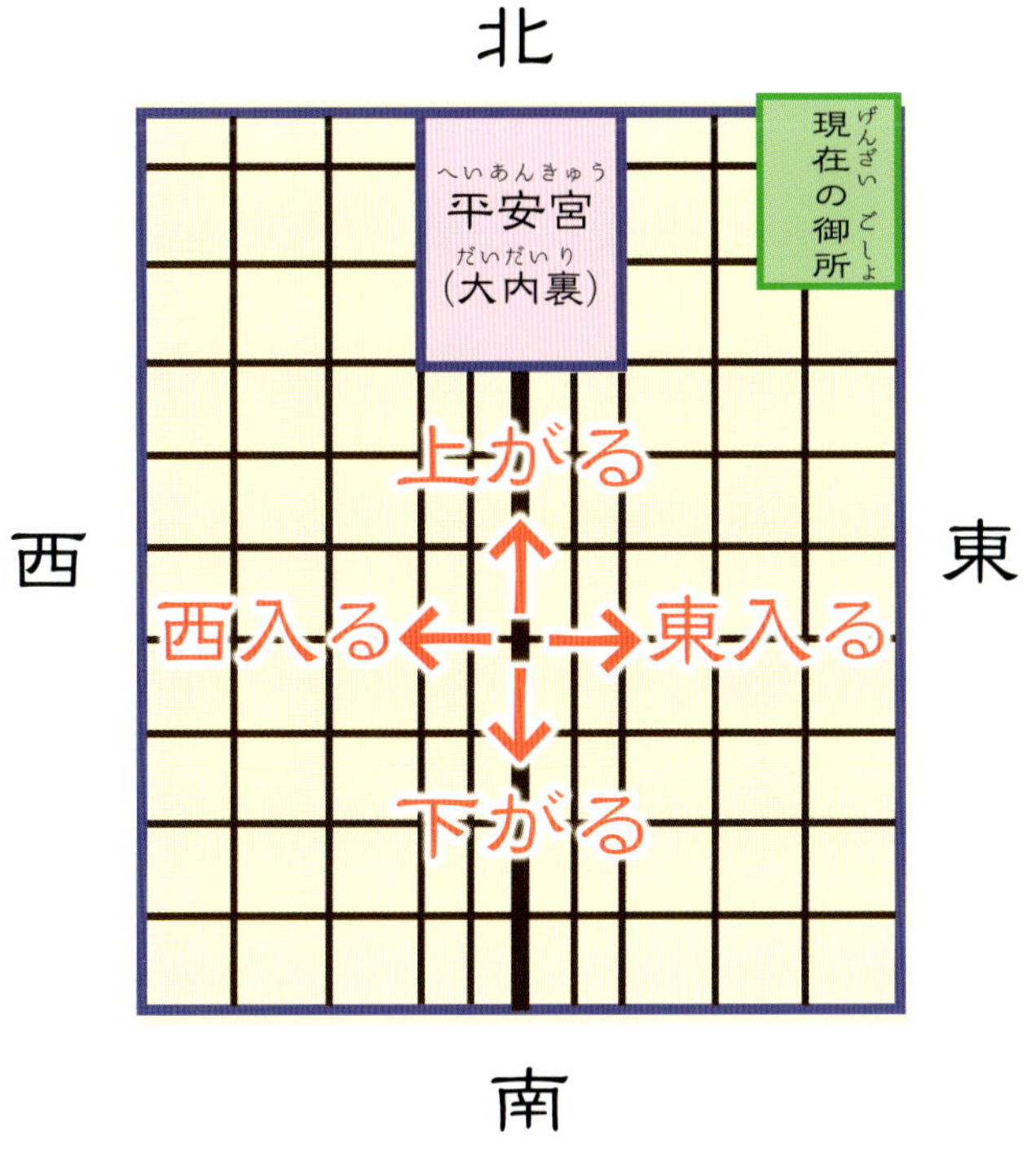
北
西
東
南
平安宮《へいあんきゅう》
(大内裏《だいだいり》)
現在《げんざい》の御所《ごしょ》
上がる
下がる
西入る
東入る

北へ行くことを上がる、南へ行くことを下がるって言いますやろ

平安京で北の方に天皇《てんのう》が住む内裏《だいり》があったから北へ行くのを「上がる」、その逆《ぎゃく》を「下がる」というようになったらしいぇ

寺町通り御池上がる

仁丹看板《じんたんかんばん》にも上がる、下がるって書いてありますなぁ

通りが交わるところから東へ行くのを「東入る」、西へ行くのを「西入る」と言ってその通りの南側か北側かで場所がわかりますぇ

郵便屋《ゆうびんや》さん、いつもおおきにぃ〜

京の通り名 数えうた 東西編

丸太町通《まるたまちどおり》　まる
竹屋町通《たけやまちどおり》　たけ
夷川通《えびすがわどおり》　えびす
二条通《にじょうどおり》　に
押小路通《おしこうじどおり》　おし
御池通《おいけどおり》　おいけ
姉小路通《あねやこうじどおり》　あね
三条通《さんじょうどおり》　さん
六角通《ろっかくどおり》　ろっかく
蛸薬師通《たこやくしどおり》　たこ
錦小路通《にしきこうじどおり》　にしき
四条通《しじょうどおり》　し
綾小路通《あやのこうじどおり》　あや
仏光寺通《ぶっこうじどおり》　ぶっ
高辻通《たかつじどおり》　たか
松原通《まつばらどおり》　まつ
万寿寺通《まんじゅじどおり》　まん
五条通《ごじょうどおり》　ごじょう
雪駄屋町通《せったやちょうどおり》　せった
（現・揚梅通《ようばいどおり》）
鍵屋町通《かぎやちょうどおり》　ちゃらちゃら
（現・的場通《まとばどおり》）
魚の棚通《うおんたなどおり》　うおのたな
（現・六条通併合《ろくじょうどおりへいごう》）
六条通《ろくじょうどおり》　ろくじょう
三哲通《さんてつどおり》　さんてつ（とおりすぎ）
（現・塩小路通《しおのこうじどおり》）
七条通《しちじょうどおり》　しちじょう（こえれば）
八条通《はちじょうどおり》　はち
九条通《くじょうどおり》　くじょう
十条通《じゅうじょうどおり》　じゅうじょう
（東寺《とうじ》でとどめさす）

京の通り名の数え歌の歌詞については諸説あります。なお、イラストと解釈については、著者が覚えやすいように考えたもので、オリジナルの解釈です。

京の通り名　数えうた　南北編

寺町通《てらまちどおり》　てら
御幸町通《ごこまちどおり》　ごこ
麩屋町通《ふやちょうどおり》　ふや
富小路通《とみのこうじどおり》　とみ
柳馬場通《やなぎのばんばどおり》　やなぎ
堺町通《さかいまちどおり》　さかい
高倉通《たかくらどおり》　たか
間之町通《あいのまちどおり》　あい
東洞院通《ひがしのとういんどおり》　ひがし
車屋町通《くるまやちょうどおり》　くるまやちょう
烏丸通《からすまどおり》　からす
両替町通《りょうがえまちどおり》　りょうがえ
室町通《むろまちどおり》　むろ
衣棚通《ころものたなどおり》　ころも
新町通《しんまちどおり》　しんまち
釜座通《かまんざどおり》　かまんざ
西洞院通《にしのとういんどおり》　にし
小川通《おがわどおり》　おがわ
油小路通《あぶらのこうじどおり》　あぶら
醒ヶ井通《さめがいどおり》　さめがい（で）
堀川通《ほりかわどおり》　ほりかわ（のみず）
葭屋町通《よしやちょうどおり》　よしや
猪熊通《いのくまどおり》　いの
黒門通《くろもんどおり》　くろ
大宮通《おおみやどおり》　おおみや（へ）
松屋町通《まつやまちどおり》　まつ
日暮通《ひぐらしどおり》　ひぐらし（に）
智恵光院通《ちえこういんどおり》　ちえこういん
浄福寺通《じょうふくじどおり》　じょうふく
千本通《せんぼんどおり》　せんぼん（はてはにしじん）

てら
五こ
麩屋
とみさん
お麩くださいな～
とみ
やなぎ
さかい
ゆーれい！
くるまやちょう
たか～い
東
からす
両替
りょうがえ
むろころも
しんまち
かまんざ
にし
おがわ
あぶら
さしとき
まひょ
油
さめがいで
ほりかわのみず
よしや
おおみやへ
いのくろ
まつ
ひぐらしに
おつかれさま～
おまたせ～
ちえこういん
じょうふく
せんぼん
はては西陣

京の通り名の数え歌の歌詞については諸説あります。なお、イラストと解釈については、著者が覚えやすいように考えたもので、オリジナルの解釈です。

豆

よろづほどよき

うち、このまえ無名舎《むめいしゃ》で吉田孝次郎先生のお話を聞いたんぇ

祇園祭《ぎおんまつり》の後祭《あとまつ》りを復活《ふっかつ》させはった先生やなぁ
お住まいの町家のしつらえもいつも素敵《すてき》やねぇ

吉田 孝次郎 先生

ほんまに～
その日のお話は「金のなる木」の伝というお話で、もともとは徳川家康《とくがわいえやす》が家来《けらい》に言わはったのが伝わったそうやね
先生のおうちにある掛《か》け軸《じく》を見せてくださって言われたことはね

「金のなる木」というのは根本《こんぽん》に「よろづほどよき」「慈悲深《じひぶか》き」「正直」があり、枝に「家内《かない》むつまじき」「養生《ようじょう》よき」「費《つい》えのなき」「かせぎ」「朝起き」「潔《いさぎよ》き」「辛抱《しんぼう》強き」「油断《ゆだん》無き」があり、京の人もそれを心得にしていたんやなぁ
お金っていうてはるけど、「気」みたいなものなのかも

「堪忍《かんにん》」という「一人で成功するより大勢《おおぜい》が良いようにする」という言葉も京都で大切にされているなぁ

そして、先生がうちらの本に、そんな京都で大切にされてきた生活が描かれていると言ってくださったのぇ

ほんまにうれしおすなぁ～
お言葉を大切にして、これからも精進《しょうじん》してまいります

※費《つい》えのなき（無駄《むだ》づかいしないように、という意味）

京町家の見学ができるところ

※見学には予約が必要です

在りし日の京の商家暮らしを体験

吉田家（京都生活工藝館 無名舎）

舎主　吉田孝次郎

京都市中京区新町通六角下ル

☎ 075-221-1317

¥ 大人1000円、大学生800円 要予約

下京の伝統的商家のおもむきをよく残す表屋造りの京町家

秦家住宅

京都市下京区油小路仏光寺下ル

☎ 075-351-2565

¥ 大人1000円、高校生800円 要予約

http://www.hata-ke.jp/02kengaku/index.html

表屋造りによる大規模な町家構成の典型

杉本家住宅（一般公開は不定期。詳細はホームページ参照）

京都市下京区綾小路通新町西入ル

☎ 075-344-5724

¥ 大人1500円、高校生以下800円 要予約

http://www.sugimotoke.or.jp/

町家の格子のライトアップ

都ライト

浄福寺通大黒町、上七軒通、および上京区のまちと町家

¥ 無料

上京区で開催される京町家のライトアップイベント。京都市内を中心とした大学の有志学生が主催し、毎年11月上旬に3日間ほど行われる。

http://miyako-light.anewal.net/

プロフィール

山口 珠瑛（やまぐち たまえ）
京都生まれ。京都教育大学特修美術科西洋画専攻卒業。卒業後店舗設計の仕事を経て、イラストレーターとしてアトリエ TAM（タム）主宰。2014年に PHP 研究所から「町家えほん」出版。レトロなイラストを描くかたわら、昔ながらの文化の継承に役立てたらうれしいと思っています。
ホームページ：http://tam-y.com/
ユーチューブで福ねことお豆さんが【京の暮らし】を発信中です。
「ふくまめ京暮らし」で検索してみてくださいませ。

〔監修〕
田中　昇（たなか のぼる）
江戸時代から260年続いた町家大工「近江屋吉兵衛」の末裔。一級建築士。1934年東京生まれ。幼少期を外地で過ごし戦後は京都在住。京都一中、堀川高校、京大を経て大成建設入社。建築工事現場に勤務。退職後、京町家保存活動に関わる。京町家作事組設立時の初代事務局長。現在、京町家再生研究会監事。長岡京市在住。室町五条の実家（景観重要建造物）には長男一家が住む。先祖伝来の「田中家文書」は京都市登録文化財。趣味は音楽、美術、語学、料理。

松井　薫（まつい かおる）
1950年京都生まれ。大阪工業大学建築学科卒業後、ゼネコン現場監督、大手不動産系リフォーム会社を経て1998年（平成10年）一級建築士事務所 住まいの工房を設立。個人住宅を中心に、特に中間領域と呼ばれる内でも外でもない部分のエネルギーのやり取りに着目して設計活動中。京町家の保全再生活動にも関わっている。
一級建築士／一級建築施工管理技士

DTP　西村 加奈子

福ねこ お豆のなるほど京暮らし

発行日　2018年12月19日　初版発行
　　　　2022年 2 月22日　2 刷発行
著　者　山口　珠瑛
監　修　田中　昇
　　　　松井　薫
発行者　前畑　知之
発行所　京都新聞出版センター
　　　　〒604-8578 京都市中京区烏丸通夷川上ル
　　　　Tel. 075-241-6192　Fax. 075-222-1956
　　　　http://www.kyoto-pd.co.jp/book/

印刷・製本　京都新聞印刷

ISBN978-4-7638-0710-6 C0039

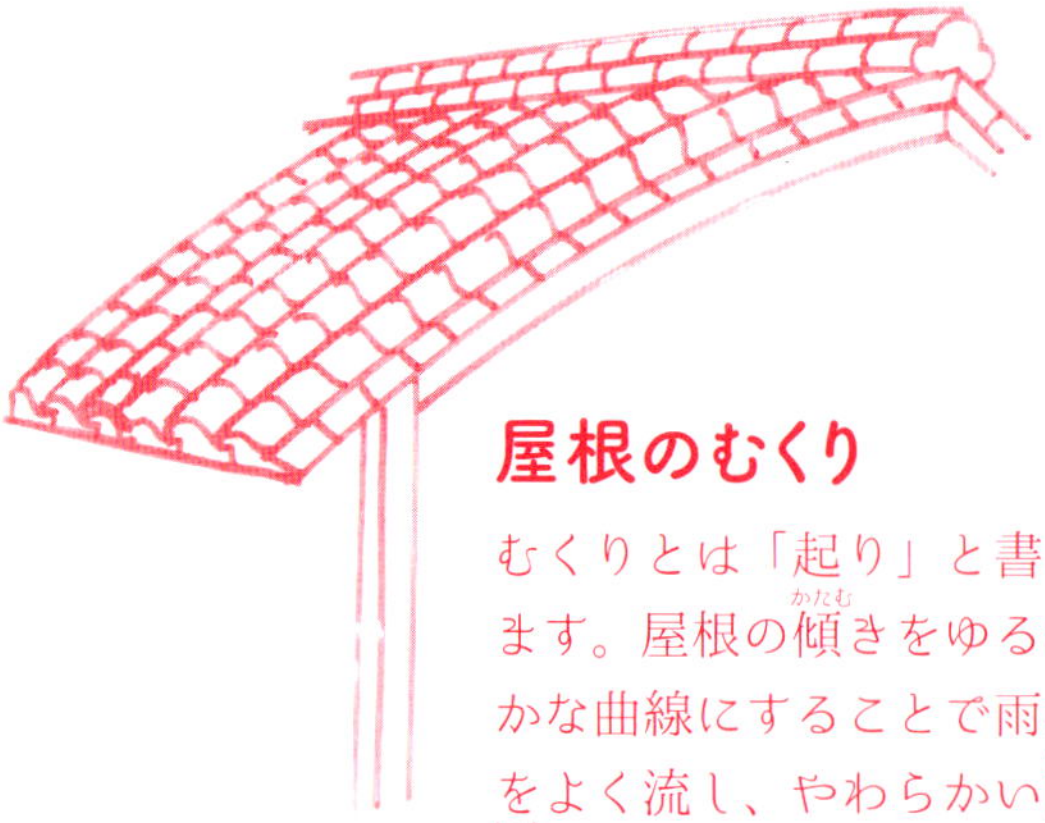

屋根のむくり

むくりとは「起り」と書きます。屋根の傾《かたむ》きをゆるやかな曲線にすることで雨水をよく流し、やわらかい印《いん》象《しょう》にしています。

煙《けむ》出《だ》し

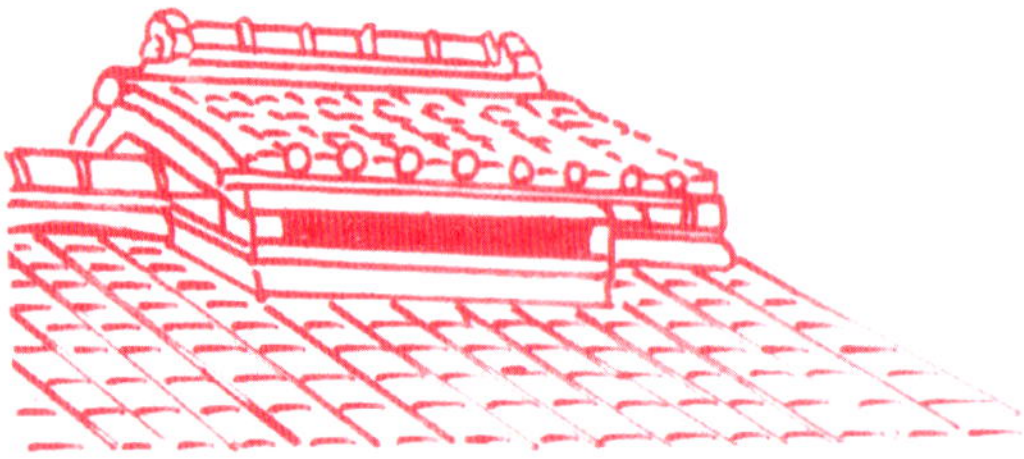

台所などの煙《けむり》を外に出すためにあります。煙《けむ》出《だ》しがなくて、天窓《てんまど》だけが開くように工夫されている町家もあります。

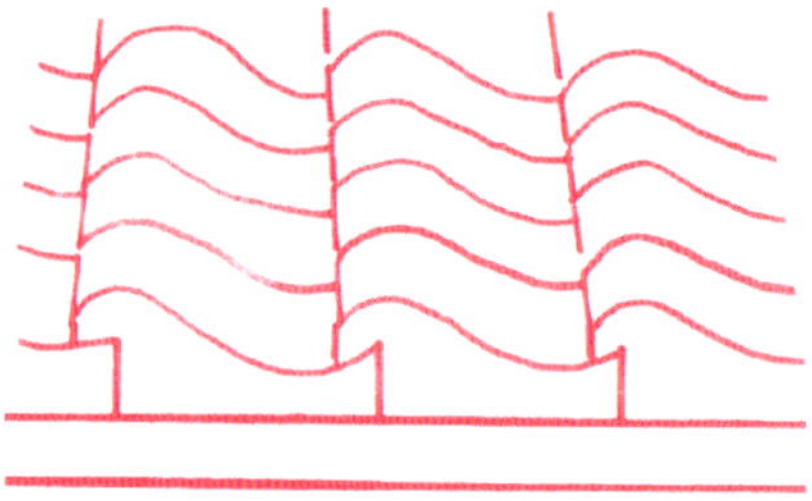

一《いち》文《もん》字《じ》瓦《がわら》

屋根の軒先《のきさき》のラインが真っ直ぐ一文字にそろうので一《いち》文《もん》字《じ》瓦《がわら》と言います。町並《まちな》みが、きりりと引き締《し》まります。

町家の表の顔ともいえる格子《こうし》のデザインは、お商売によっていろいろな種類があります。

酒《さか》屋《や》格《ごう》子《し》

粗格子《あらごうし》にべんがら塗《ぬり》されたもの。酒樽《さかだる》をあててもこわれない頑丈《がんじょう》さを持ち、かつ材料も選び抜《ぬ》かれた角材《かくざい》ものを使用している。

麩《ふ》屋《や》格《ごう》子《し》

麩《ふ》、湯葉《ゆば》、豆腐《とうふ》、こんにゃくなどの水を使う店構《みせがま》えのためのもので、格子《こうし》の内側には「水場《みずば》」「七輪場《しちりんば》」「揚場《あげば》」などの作業台がすべて設置されている。濡《ぬ》れても大丈夫なように障子《しょうじ》には油紙が使われている。

腰《こし》窓《まど》出《で》格《ごう》子《し》

お店の表ではないところに設けられている出《で》格子《ごうし》。いわゆる出窓《でまど》で、あまり強度はない。屋根は銅板葺《どうばんぶ》き。格子《こうし》の種類もいくつかある。